Plan
passage
system

誰でも！　ひらめく！　ヒットする！

# 企画通過システム

藤木俊明
Fujiki Toshiaki

Nanaブックス

装丁／本文デザイン――井上祥邦（yockdesign）
ＤＴＰ――福原武志（エフ・クリエイト）

# 【はじめに】

## ◆あなたの企画が「通らない」のはなぜか？

皆さんは「企画が通らない」という経験をしたことがありますか？　筆者はコンテンツ業界で長く仕事をしていますから、しょっちゅう企画にダメ出しされてきました。もちろん、通った企画もたくさんあります。とにかく、いつも企画を求められ、それに応えて仕事を獲得したり、他者に取られたりしながら今日まで生き抜いてきました。

そうすると、「通らない企画」というものが見えてきます。内容はよくできているように見えるけれど、採用されない企画というものがあります。

通らない企画とは、ひと言で表すと**「企画A」**止まりのものです。通る企画というのは**「企画A＋」**に昇華されたものです。「何のこと？」と思われるかもしれません。カンタンに言い直しますと、「企画A」は普通の企画です。もちろん、普通に企画をどんどん立てていくことも大切なことです。しかし今は、それだけではビジネスシーンで採用されません。採用されるためには、「企画A＋」を作る必要があります。場合によっては、「企画A＋」を「企画B」に変化させて、両方提案したほうがいいかもしれません。

ここまでのお話はゆっくり本書の中で説明しますが、「そうか。ありきたりの企画を立ててもダメなんだな。何かプラスがないとダメなんだな。そのプラスとはどうやって見つけるんだろう?」という具合に考えていただいた方、ほぼOKです。

OKなのですが、「じゃ、企画ひとつひとつをじっくり、ゆっくり練り上げるということだな」と考えた方、半分は当たっていますが、半分はそうでもありません。企画を立てるには**「スピード感」**という要素も必要になります。皆さんは、おそらく企画出しだけをやっていればいいという専門職ではないでしょう。いろんな現場の仕事の中で、厳しいテーマを与えられて、「企画を出せ」と言われて苦しんでいるのだと思います。しかも、何か一つだけのテーマをじっくりと企画するなんて立場にいる方はまれで、いろんなプロジェクトを平行して進めて、時間に追われながら、企画を練っているのではないでしょうか。そうすると、限られた時間を有効に使い、企画をアウトプットしていかなくてはいけないのが実情でしょう。そこで**スピード感**が大事になります。

そうすると、何かテーマ（新規事業の開発、業務改善、お客様への提案、社長の誕生日パーティなど）を与えられるたびに、イチから企画を考えるのではなくて、テーマがやってきたら、常に企画を作りあげていけるような**「システム」**を持っている必要があります。本

郵便はがき

料金受取人払郵便

お手数ですが、
切手を
おはりください

160-8791

3434　　　　844

東京都新宿区新宿1-26-6
新宿加藤ビルディング5F

株式会社ナナ・コーポレート・コミュニケーション

Nanaブックス　行

| | |
|---|---|
| ご住所　〒□□□-□□□□ | |
| (ふりがな)<br>お名前 | 男・女<br>年齢　　歳 |
| 電話番号<br>(　　　)　　－ | ご職業 |
| Eメールアドレス | |
| いつ、どこで購入されましたか？<br>(　月　日)(書店名　　　) | |

Nanaブックスの情報はhttp://www.nana-cc.comまで！

# Nanaブックス
# 愛読者カード

面白くてタメになる本を
世に出すために、あなた
の貴重なご意見・ご感想
を参考にさせてください。

© 花くまゆうさく

| 書名 | |
|---|---|

**① 本書を何でお知りになりましたか？**

□書店
□広告（新聞、雑誌名　　　　　　　　　　　）
□書評紹介（媒体名　　　　　　　　　　　　）
□Nana ブックスのホームページ
□知人、友人からのプレゼント
□知人、友人からの紹介
□小社出版物の巻末広告、刊行案内
□その他（　　　　　　　　　　　）

**② 本書をお買い上げいただいた理由は？**

□タイトルにひかれて
□デザインがよかった
□著者に興味がある
□仕事に役に立ちそう
□テーマに共感できた
□帯の文章を読んで
□知人、友人からの推薦
□その他（　　　　　　　　　　　）

**③ 最近読んでおもしろかった本はなんですか？**

**④ お読みになりたい著者、テーマなどお聞かせてください**

**⑤ 本書についてご意見、ご感想をお聞かせてください**

●ご記入ありがとうございました。お送りいただいた感想は、匿名で広告などに掲載させていただくことがございます。ご了承ください。
なお、ご記入いただいた個人情報は、企画の参考にさせていただく以外の目的で使用することはありません。

書では、それを「企画通過システム」と呼ぶことにします。

テーマが与えられたら、自分のシステムを稼働させて「企画A」までをある程度アウトプットする、それに工夫を加え、エッジを効かせて「企画A＋」に仕上げるまでを一気通貫でおこなうことが理想です。

理想はそうですが、人の手を借りたほうが効率的ならぜひそうすべきです。また、人の評価を聞いたり、ブレーンストーミングを手伝ってもらって、企画をふくらませたり、検証したりすることもあるでしょう。企画を人に手伝ってもらうということは、これまでは、時間や場所の制約にしばられて、けっこう手間がかかることでした。しかし、今はインターネットというインフラがあり、クラウドサービスという、便利なツールがあります。本書では、それらの実践的な活用方法も積極的にご紹介していきます。

## ◆どうしてみんな企画会議で黙りこくるのか？

筆者はコンテンツ企画だけではなく、それを活用した新規事業の企画などを求められることもあります。出版や広告業界だけではなく、ＩＴ企業や通信会社、メーカーや食品関係会社など、コンテンツとはかかわりがなさそうだった業界の方々にも企画を求められるようになってきました。

この書籍を開いた皆さんも、さまざまな業界でお仕事をされているのでしょう。どんな業界でも「企画がダメなら商品が売れない」といったことが認識されていますから、皆さんの周りでも「もっといい企画はないのか」という言葉が、会議で飛び交っているのではないでしょうか？

筆者はいろんな会社の企画会議に出席して、自分のアイデアを述べたり、他者のアイデアをふくらませたりすることをお手伝いしています。しかし、多くの企画会議では、その会社のスタッフである皆さんが黙りこくっている姿を見ます。もちろん、活発に意見を述べ合うことができる会社もありますが、そうした会社は少数です。

初めて参加した会議で、私がいろんなアイデアを出すと不思議そうな顔をされることも珍しくありません。初めて参加したのに、内容を説明したばかりなのに、どうしてそんなに企画が出てくるのかと言われたこともあります。さらに、そのアイデアが採用されるに至っては、どうして、そんなに「通る企画」が出せるのか？と言われたりもします。

筆者は謙遜ではなく、自分がたいしたプランナーだとは思っていません。ビジネスの本質をいつも考えていれば、また、自社の商品やサービスのことを常に考えていれば、アイデアが浮かばないほうがおかしいと思います。

問題は「企画」という言葉のとらえ方です。企画とは、何か雲の彼方から稲妻とともに落ちてくるとか、瞑想を続けていたら天の声のように浮かんできたとかいうものではありません。もちろん、そうやって企画が降ってわいてくる人も、いないこともないでしょう。しかし日々のビジネス生活で、毎週毎週企画が降ってわいてくることは考えにくいですね。

カンタンに言えば、筆者は常に「仮説」を立てているから企画を出せるのです。「朝から晩まで「仮説」を立てています」と言うと非現実的に聞こえるかもしれませんが、皆さんも、毎日何らかの「仮説」を立てているはずです。たとえば、通勤電車で席を確保するために、「この人の服装から見ると大手町で降りそうだな。こちらの人は学生だからもっと早い乗換駅で降りそうだな。よし、この人の前に立ってみるか」などと、小さな仮説を積み重ねているのではないでしょうか？　筆者の場合、ビジネスについての仮説を常に積み重ねています。むろん、事前にある程度資料も読んでいきますが、「この会社は何で困っているのかな？」「困っているとしたら、自分が呼ばれたということは、たぶんこういう分野での企画立案かな？」「この会社の強みは何なのかな？　予算はどれぐらいだろう？」という仮説をいろいろ引き出しにしまい込んで企画会議に臨みます。

本書では、**「自分仮説」**という言葉を使います。筆者は、「自分仮説」をたくさん持っていること、すばやく考えつくことが企画出しに大切なことだと考えています。
しかしそれだけでポンポン企画が出てきて発言するというわけにはいきません。なぜなら、そういう課題を考えているのは、まさにその会社の現場の人たちだからです。そうではない切り口をいくつか準備しておかなくてはいけません。準備するというより「自分仮説」を**「ストック」**として常に持っておき、場面に応じてマッチングさせて取り出すのです。これは特別な才能を必要としない、誰でもできる「技術」です。本書ではこの技術を「企画通過システム」の中に組み入れて、説明したいと思います。また、本書に登場するいくつかの企画通過用フォーマットは、「企画通過ツール」として出版社のウェブサイトからダウンロードできるようにしてあります。ダウンロード可能なツールには、図版の下にURLを記載していますので、ぜひダウンロードしてみてください。

世の中に、「企画術」の書籍はたくさん出版されています。筆者も参考にするものは多いのですが、発想のための普段の習慣づけからはじまって、企画の立て方そのもの、さらに勝てるアウトプットの作成に至るまで、「一気通貫」で説明した書籍はあまり見ないのではないかと思います。どうぞ、本書によって、「「通る企画」を産み出すビジネスパーソン」という自分ブランドを確立してください。

企画通過システム
CONTENTS

## 第2章 冴えた仮説を作ることがキモだ～自分ブレスト編



## 第3章 「企画通過システム」を自分のものにする～企画創出編

【注】本書に記載されている会社名、商品名などは一般に各社の商標または登録商標です。なお、本文中には、TM、Rを明記しておりません。本書で紹介しているソフトウェア、クラウドサービスなどについては、2011年9月現在での状態を確認しておりますが、その後、サービス内容が変わったり、バージョンアップによって機能が変化したりしたものがあるかもしれません。また、それぞれのサービスにおいて、筆者が体験的に使用した方法をもとにその使い方を紹介していますが、実際に使用された場合に生じたいかなる障害や不具合についても責任を負いかねますので、使用は自己責任にてお願いします。

第1章

# アイデアは考えただけでは生まれない

## ～日常のインプット編

# 01 企画のタネは「日常」にある

## ◆日常には2種類のインプットがある

皆さんが考え出そうとしている企画はどこからやってくるのでしょうか？ 前述のようにどこからか降ってくるのでしょうか？ 降ってきたとしても、それは、皆さんが日常見たり、聞いたり、体験したりした「インプット」がもとになっているはずです。そういうインプットの何かに「企画のタネ」が潜んでいたはずです。

ここで、「企画のタネ」という言葉を定義しましょう。「企画のタネ」とは、まだ、形になっていないアイデアのようなものだと考えてください。「思いつき」と呼んでもいいですね。そうです、まだこの時点では単なる思いつきで、このあと花が咲くか、実を結ぶかはぜんぜん見えません。

とにかく、インプットがなければ、「企画のタネ」は生まれません。私はいつも「インプットなくしてアウトプットなし」と言っています。つまり、日常でインプットを集めることこそが、企画を産み出すための大切な基礎をなしているのです。

さて、日常拾い集めるインプットには、（1）意識的にインプットするもの（2）無意識にインプットされたもの、の2種類があります。その2つを合わせると、毎日皆さんは膨大な数のインプットを吸収しているはずです。

**(1) 意識的にインプットするもの**

- 一次的情報　人から話を聞くこと、セミナーやシンポジウムで学ぶことなど
- 二次的情報　新聞・書籍・放送などで情報を得ること、ネットなどで調べて情報を得ることなど
- 体験　自分でじかに体験してみることなど

以上、自分の興味があること、能動的に学習しなくてはいけないという意識で集めたインプットが主になります。

**(2) 無意識にインプットされたもの**

- 一次的情報、二次的情報、体験などにかかわらず、無意識に何かの情報に触れて、「何となく印象に残り」自分のインプットに残ったもの

こちらは、たとえば遊園地のアトラクションで遊んだ際に強い印象として残ったもののように、目的外のインプットが残ったというような体験です。これは皆さんにもあるでしょう。しかし、この（2）は、放っておけば（1）より早く消えてしまいます。（1）にしても、そのままだと前述のように、ほとんどが流れ出してしまうか、「あれは何だったっけ?」と取り出せないまま見過ごしてしまいます。

そんなインプットを「分類」して「管理」し、一つの所にまとめておかなくてはいけません。それを筆者は**「ストック」**と呼びます。その「ストック」を楽に、効果的に運用することが必要なのです、楽に運用できないと、ストックすること自体が嫌になってしまいます。嫌になってしまうと、せっかくのインプットをすべて垂れ流してしまいます。

日常拾い集めたインプットは、皆さんの中に堆積されているはずです。それは、パソコンがハードディスクなどの記憶装置にファイルを記録していくさまによく似ています。パソコンでは、記録したいファイルに名前をつけて、フォルダに入れて管理していきます。人間と違って、パソコンが壊れない限り、ハードディスクはファイルをなくすことなく、忘れることなく保持し続けます。しかし、わかりにくい名前をつけたり、適当にフォルダを作ったりして、いい加減に管理していると、どこにどのファイルがあるのかわからなくなることがあるでしょう。事務処理能力の高い人は、パソコンのフォルダのどこに何があるか、的確に管理して、必要に応じてすばやく取り出したり、探し出したりすることができます。

ここまで言えばおわかりと思いますが、日常のインプットをいかに管理して、必要なときに取り出すことができるかどうかが、企画を立てるときの大きな要件になります。

多くの人は、日常のインプットを、ただなんとなく受け止めて、そのほとんどを流し去ってしまいます。その中でも、自分の好きなこと、興味のあることはとくに強く覚えているので、意識して記憶に焼きつけるのでしょう。しかし、新しい企画を立てるとき、自分の好きなことだけに、「企画のタネ」があるとは限りません。思いもかけないところに、タネが落ちているかもしれないのです。

# 02 インプットから「企画のタネ」を感じ取る

## ◆だんだん「臭覚」が研ぎ澄まされていく

前述した「**目的を持って無意識にインプットを収集する行動**」について、もう少し別の言葉で説明しましょう。皆さんは「**セレンディピティ（serendipity）**」という言葉をご存じでしょうか？　これは日本語では適当なものがないとされているのですが、「何かを探しているときに、探しているものと別の価値あるものを見つける能力」という意味に取られています。

たとえば、筆者はよく早朝旅行に出かけます。旅行といっても、事務所に着くまでに、いつも通る経路をわざと避けて、知らない駅で降りて、珈琲を飲んだりします。見方によってはただ遊んでいるだけです。目的はとくにありません。しかし、そうやって「無意識に何かインプットがないだろうか？」という空白の自分をわざと作ることが、これに近いと思っています。実際、そうやってぶらぶら寄り道してきても、結局何もインプットを得られないということも少なくありません。結果論だけで言うと、「ただ寄り道してきただけでしょ？」と言われても仕方がないのです。

しかし、こうした「目的を持って無意識にインプットを収集する行動」を日常的に増やしていくと、**「臭覚」**が利くようになってきます。人が見過ごすような風景や事象に、何か「企画のタネ」を感じ取ることができるようになってきます。

いつもと変わらぬ朝の通勤風景。そこに、高校生がｉＰａｄのようなタブレット端末を持って電車に乗っていたとします。別に、ただの風景として見逃してもいいでしょう。しかし、２０１１年夏時点の筆者にとっては、ちょっと「臭覚」に引っかかる「におい」がします。まだ、この時点ではタブレット端末を持っているのは大人が主流です。ビジネスマンあるいは多少年配の方でしょう。というか、携帯電話が圧倒的で、持っているとしてもスマートフォンかノートパソコン。学生がタブレット端末を持ち歩いている風景にはあまり出会いません。もっと言えば、家庭で使っている方が多いでしょう。「高校生」「タブレット端末」「屋外・通学時」というキーワードが並ぶと、筆者にとっては、それがそのままインプットとなり、企画のタネになりそうな予感がするのです。

企画がなかなか考えられない人は、こういった風景を流し見してしまうことが多いでしょう。筆者がたまたま仕事としてそういう情報に触れているから、企画のタネを拾えるのだと思われるかもしれません。でも、臭覚の優れている人なら、別の企画のタネを感じるはずです。たとえば、アパレルメーカーとか、文房具メーカーの人、また、交通関係の人、教育関係の人はもちろん感じるところがありますね。たとえば、現在の教育現場では「電子黒板」の普及が進められています。「電子黒板」とタブレット端末の連動なんて、このシーンを見て、考えないほうがおかしいでしょう。

## ◆「状況」に出会いやすい行動を選んでみる

今回の例に述べたような、「高校生がｉＰａｄのようなタブレット端末を持って電車に乗っていた」というシーンに無意識下で出くわすとします。そして、そこに何か「におい」を感じるとします。そういう場面を、筆者は**「状況」**と呼んでいます。あまりに普通の日本語ですが「状況」という言葉がいちばん適切ではないかと思います。なぜなら辞書を見ると**「状況＝移り変わる物事のその時々のありさま」**となっているからです。

つまり我々は、意識的にでも、無意識にでも、「状況」に出会って、そこから、何かインプットを感じ取る力を身につけなくてはいけません。

「目的を持って無意識にインプットを収集する行動」とは、「「状況」にたくさん出会えるような場所に無目的に出かけること、そこで時間を過ごすこと」と言い換えてもよいでしょう。

**・博物館や美術館**
**・図書館や大きな書店、または個性的な書店、古書店や書店街**
**・特色ある街やエリアの散策**
**・普段、自分が好んで見ないタイプの映画やエンターテインメント**

など、「状況」に出会わせてくれるものは、日常こんなにたくさんあります。そして、その中でも、いちばんおすすめしたいのが、**「普段つき合わない人たちとの異文化コミュニケーション」**です。緊張感もあり、臭覚のみならず、あなたの五感はフル活動して、インプットを取り入れるでしょう。

今は、フェイスブックやツイッターなど、知らない人、または知っていても深く知り合えなかった相手と交流するネットワークがあります。しかも、基本的にはただです。そういったネットワークを利用して、「人に会う機会」を増やすことが大切です。「暇つぶし」にフェイスブックやツイッターを使うのではなくて、異文化と出会う機会を作り、そのあとをメンテナンスするためのツールだと位置づけたらいかがでしょうか？

# 03「企画のタネ」をストックする

## ◆「企画のタネ」を1カ所にストックする

目的を持って、もしくはわざと無意識にインプットを集めるような状態を作って、いろんな「状況」に出会い、インプットを増やしていくことで企画のタネがストックできます。インプットというと何か難しいもののようですが、ちょっと眼に映った興味深いこと、人から聞いた興味深い話、おもしろかったネットの記事や書籍、映画など何でもよいのです。「こんなのあとで役に立たないかもしれないな」と思っても、とにかくどんどんインプットを、企画のタネとしてストックしていきましょう。

そこで、いよいよ「どうやって効率的にストックしていくのか？」という話になります。本書では、そのためにデジタルツールの使用をおすすめします。なぜなら、最終的にアウトプットをパソコンで作る前提で考えていると、最初からデジタルツールを活用したほうがベターだからです。

本書では「企画通過システム」を持つことをおすすめしたいのですが、基本的に、「情報は一つの所にまとめる」のが大原則です。情報管理をパソコンや紙のスクラップブックなどで分散してまとめたりすると、著しく作業の効率が落ちます。もちろん、頭を整理したり、自由に発想したりするためにアナログツールを使うことは大賛成です。要は「考え」ではアナログツールの助けを借りても、「情報」の形にするときはデジタルデータにしておくということです。

## ◆「心でシャッターを切る」ように

あなたは、意識的に、あるいは無意識に「状況」に出会ったりしてインプットを得る中で、「おっ？」これは何か引っかかるなというものを見つけるでしょう。それこそが「企画のタネ」です。そうして、「ま、いいか」とそのまま忘れてしまうものもあるし、何か心の中に引っかかっていて、会議などで「今日こんなことを見たんだけど」とか「雑誌に書いてあったんだけど」などと思い出すかもしれませんし、「何か引っかかっているものがあるんだけど、何のことだか忘れちゃったよ……」となるかもしれません。

企画通過システムを作るということは、こういうムダをなくすことでもあります。もちろん、「企画」という目に見えないものから生まれるようなものについて、論理的に詰めすぎていって、ムダを減らすように努力するのもおもしろみに欠けることかもしれません。

しかし「あれは何だったっけ？」というムダを減らすことは大事ですし、あとで見つめ直したら、実は使える「企画のタネ」だったのに、というムダを減らすこともさらに大事です。そんなムダをなくすために必要なのが、「企画のタネ」に出会ったときに、**「心でシャッターを切ること」と、「メモをストックに投げ入れる」という2つの習慣づけ**です。

意識的にインプットを収集しているときに何かに出会うことができれば、それは必ずメモされますよね。あるいはコピーを取る、写真を撮るなど、必ず何らかの形で残そうと思うはずですので、そんなに心配はいりません。しかし、何かの「状況」に偶然出会ったとき、そんな行動が取れないことがほとんどです。そこで「心のシャッターを切る」のです。

具体的には、次の4つの流れを取ります。

**(1)「状況」に出会う**
**(2)心のシャッターを切る**
**(3)何か「ひと言」でメモを残す**
**(4)メモをストックに投げ入れる**

「心のシャッターを切る」とは、（あ、これは気になる状況だ）と感じた瞬間、**「感じたことをカメラのシャッターを切るように、心の中に一瞬スタンプする習慣」**です。何なら「カシャッ」と小さくつぶやいて焼きつけてもいいです。言われなくても、人は普段やっている行動でしょう。それを意識的におこなうのです。そして、それをメモする習慣です。カメラを携帯しており、撮影しても大丈夫な状況なら撮影できればベストです。

「別に心のシャッターを切らなくてもメモすれば大丈夫じゃないですか？」と言われるかもしれません。しかし、先ほど述べたように、企画は最終的に、自身の身体のどこかから生まれ出てくるものです。いったん、自分の心の中にスタンプしておくと、あとでメモを見直したりするとき、スタンプした瞬間のことを鮮明に思い出せるものです。

効率化を図りたいのが、（3）と（4）です。普通であれば手帳を取り出して、メモを取るでしょう。それは間違いではないし、その方法がやりやすければよいのですが、そのあとに、「何かデジタルツールに書き写す」というひと手間が生じます。実際はひと手間ではありません。「手帳を開く」「メモしたものを探す」「デジタルツールを立ち上げる」「デジタルツール上のアプリを立ち上げる」「メモを書き写す」という4～5の手間がかかります。「手間がかかってもいい企画を考えるための手順だから仕方ない」という考え方もあるでしょう。しかし、毎回毎回手間がかかっては、続けるのがめんどうくさくなってしまうのではないでしょうか？

そうすると、初めからデジタルツールに「投げ入れる」のがいちばん手間を省く方法であり、あとで加工が容易なわけです。

# 04 「企画のタネ」の実例と「投げ入れる」ツール

## ◆「企画のタネ」の実例

実例を挙げてみましょうか。先ほど述べた「高校生がタブレット端末を持ち歩いている情景に遭遇した」という状況から、筆者ならこういう「企画のタネ」が浮かびます。この時点では、ビジネスのことやら、自分の趣味やらバラバラ状態ですね(笑)。ひょっとすると、同様の企画のタネが企画構築段階に入っていたり、実用化されていたりするかもしれません。あくまで筆者の想像のタネですからご容赦ください。

・教科書の電子書籍化／教材に「動画」を活用／学校にWiFi環境構築
・高校生向けのタブレット端末学割販売／家庭向け複数台購入キャンペーン
・家庭の冷蔵庫に貼るメモ代わりのアプリ開発
・家庭教師のタブレット端末活用と通信教育の融合
・部活でのタブレット端末活用
・タブレット端末とプリクラの融合　など

きりがありませんが、こんなことを「企画のタネ」として、ストックしておくわけです。

前項で述べたようにデジタルデータでのストックが望ましいのですが、たまに開いて閲覧したり、並べ替えたり、書き加えたりする必要があります。その場合にはそうした作業に適したツールを使うと便利です。

### ◆「企画のタネ」のストック置き場と投げ入れるツール

さて、思いついたときいつでもどこでも投げ込めて、「閲覧できる」「整理できる」「かなりの容量がある」というストックの置き場所は何でしょうか？

**■置き場所　クラウド**

**■投げ入れるときに使うもの（ハードウェア）　ノート、メモ、手帳、紙切れ、スキャナー、スマートフォンや従来型携帯電話のカメラなど**

**■投げ入れるときに使うもの（ソフトウェア）　クラウドサービス（「グーグルドキュメント」や「エバーノート」など）**

筆者はこの組み合わせを使っていますし、ストックのシステムについては、今のところ最も便利だと感じています。このツールの使い方については後ほど説明しますが、まずはストックした「企画のタネ」を眺めます。眺めて、あれこれと考えます。しかし、いくら考えても、「企画のタネ」がちっともおもしろくふくらまないかもしれません。そんなときは時間をおいて、何かテーマが見えてきたら、ストックの中で眠っていた企画のタネを眺め直してもう一度練り直してみましょう。

もちろん、「企画のタネ」を書き留めたり保存したりするのは、アナログな方法でも全然かまいません。ただし、それはあとでデジタルデータに変換してストックしたほうがよいでしょう。

つまり、書いたメモを手書きで入力するか、そのままスキャンしてクラウドサービスを使って保存しておくのです。「メモはメモでそのまま置いておけばいいじゃないか？」と言われそうですが、「1カ所にまとめておくこと」が大切です。保管場所が分散していると、「あのデータは紙だっけ？　それともパソコンの中に保存してあったっけ？」と探すムダな時間が生じます。そもそも、パソコンに入力し直すのもムダな時間です。最初からデジタルデータにしておくのがベターです。そのために今は便利なツールがあります。スキャナーでスキャンして、検索用のタグをつけておけばよいのです。カメラで撮影してもよいでしょう。とくに前述のエバーノートは、そのような画像保存と認識に優れた機能を持っていますので、手書きメモ派の人は活用法を知っておいても損はないでしょう。

手書きには手書きのよいところがあります。先ほど筆者が挙げたような実例で、ダーッと「企画のタネ」が浮かんだときはメモに書き出したほうが早いし、図やイラストなどを手書きで書き添えておいたほうが、あとでイメージしやすいときもあります。

また、「見たものそのまま」を写真で撮っておいてもよいでしょう。言葉よりイメージのほうがより伝わりやすいですし、あとで誰かにアイデアを伝えたいときに「こんな感じ」と説明できます。

また最近では、キングジムから「ショットノート」、そしてコクヨから「キャミアップ」という、手書きのノートやメモをスマートフォンで撮影してデジタル保存するという目的だけに特化した紙のノートやメモが発売されています。手書きにこだわるけれど、デジタルツールとも連動させたい人には福音かもしれません。

どちらにしても、たくさん浮かんだ「企画のタネ」を、頭だけで覚えておくのはきびしいでしょう。スマートフォンを使えば、「デジタルデータ化」「メモ」「保存」が一度におこなえるのです。しかも立ち上がりが早いのでストックの機会を逃しません。

# 05 「企画のタネ」管理にクラウドサービスを使う

## (1)【Gメール】

### ◆無料で使い勝手のよいクラウドサービスを活用する

インプットや「企画のタネ」を投げ入れるのに便利なのはデジタルツールであり、その筆頭はスマートフォンと申し上げました。そうしてどんどん投げ入れたものを効率的に管理するものとしての、クラウドサービスの使い方を紹介しましょう。

どうしてクラウドサービスが便利かというと、いちいちデータを探す必要がなく、どのパソコンであっても、スマートフォンなどのモバイルツールであっても、いつ開いても最新のデータがそこにあるからです。いつも最新の状態から考え、作業を始めることができます。

また、クラウドサービスは、提供するサービス会社が、いつも最新バージョンにアップグレードしておいてくれますし、ここでおすすめするグーグルをはじめ、無料のものが多いです。中小企業や個人事業主の味方のようなものです。

## ◆まずGメールのアカウントを取得する

まずは、グーグルのホームページ（http://www.google.co.jp/）を開いて、Gメールの申し込みを行います。無料ですし、このアカウントを取得することによって、グーグルのクラウドサービスのほとんどを使えます。

すでにGメールのアカウントを持っている人は、もう一つ別にGメールのアカウントを取ってください。そして、これを「企画ストック&管理専用Gメール」とするのです。別に複数取っても問題ありませんし、それぞれ7GBもの容量が使えますので、ストック置き場としては十分ではないでしょうか。

## ◆「企画ストック&管理専用Gメール」にどんどん投げ入れる

さて、あとはインプットを得るたびに、そして、それを「企画のタネ」と感じるたびに、どんどん内容をGメールアドレスに送るのです。もし、写真を撮ったなら、それも添付ファイルとしてどんどんメールすればよいでしょう。

いちいちワードやエクセルなどを開くのでなく、メールするだけなら、スマートフォンからも、即時に、カンタンに送ることができるはずです。スマートフォンでなくて、フィーチャーフォン（従来型携帯電話）でも、携帯メールからGメールアドレスに向けて送ればよいのです。

左図のGメールの画面をご覧いただければわかると思いますが、その特質は「検索性」です。あとで、検索するときに、上部の「検索窓（メールを検索）」にキーワードを入れるだけでよいのです。

たとえば、筆者の場合、Gメールに投げ入れるとき、「ニュース」「タネ」などの言葉を見出しにつけています。こうすればあとで検索しやすいですし、とくにつけなくても、本文の中のテキストも検索してくれますので「取りあえず投げ入れておく」だけで、あとで便利に使えるのです。

Gメールのいいところはもう一つ、重要だと思うメールには「☆（スター）」と呼ばれるマークをつけておくことができます。あとで、ちょっと詳しく調べよう、などと思うものにはスターをつけておけば便利です。

さらによいところはスマートフォンで操作できることです。つまり、通勤途中でも、すき間時間でも、気がついたときにインプットを管理することができるのですね。クラウドサービスで最もいいところでしょう。

## 図01 「企画ストック&管理専用Gメール」に企画のタネを投げ入れる

メールの件名に「ニュース」「タネ」などの見出しをつけておくと、検索性が高まる。とくに気になるメールには「☆（スター）」マークをつけておこう。

# 06 「企画のタネ」管理にクラウドサービスを使う

## (2)【ソーシャルメディア】

### ◆投げ入れた「企画のタネ」管理にフェイスブックを使う

さて、インターネットで参考になりそうな記事や資料などのサイトを見つけたとします。当然それはストックしておきたいですね。これはエバーノートが便利なのですが、筆者は、いくつのものクラウドサービスを使い分けるのは結局手間が増えると考えていますので、すべてグーグル関連のサービスにまとめています。

・メールにURLをコピー&ペーストしてGメールアドレスに送る
・グーグルドキュメントにコピー&ペーストして保存しておく

このどちらかを使ってきましたが、近ごろ、新しい方法を始めています。ブックマークとしてソーシャルメディア、とくに「フェイスブック」「ツイッター」を使っているのです。

・フェイスブックをブックマーカーとして使う

フェイスブックはご存じの方も多いソーシャルネットワークサービスでしょう。知り合い同士の連絡網や日記の掲示、GPS機能とひも付いて「チェックイン」と呼ばれる、「今ここにいる」サービスなどを提供していますが、その本質はクラウドサービスです。つまり、自分がログインすれば、どこでも閲覧できるし、メモもできます。

筆者は、「これは」と思ったサイトはフェイスブックをメモ代わりにして記入しています。そうすれば、あとで一元化して閲覧することができるだけでなく、知り合いが「それを言うならこれはどうか？」と別の情報を教えてくれたり、意見を述べてくれたりしますので、自分がインプットを投げ入れるだけで、自然に情報が集まってくるという作用があります。これはフェイスブックの新しい使い方ではないかと思っています。

もちろん、フェイスブックには「公開範囲を制限」することができますので、人に知られたくないようなサイトの情報は非公開にしておけばよいのです。フェイスブックについては、このあとの「自分ブレスト」でも活用しますので、興味がある人はアカウントを取得してみてください。

順番が逆になりましたが、フェイスブックの知り合いで、リテラシーの高い人の日記や発言を見ていると、それだけでインプットになりますし、そこには参考資料のＵＲＬが記載されていることが多いです。

## ◆インプットのチェックと管理にツイッターを使う

ツイッターを使って友達と交流したり、著名人の発言を楽しんだりしている人も多いと思います。ツイッターはインプットの取得にも向いていますし、それをブックマークするのにも向いた大変便利なツールです。ただ、暇つぶしに使うとしたらそれはもったいない話です。ツイッターの詳しい使い方についてはここでは割愛しますが、「タイムライン」と呼ばれるツイッターの画面にはさまざまな情報が流れてきます。それはまさに玉石混淆の「つぶやき」であり、どうでもいいものも多いのですが、リテラシーの高い人の発言には、「企画のタネ」が潜んでいることが多いです。また、そんな中には、記事や資料のURLを記載してくれているものも少なくありません。もちろんデマもありますので、「信用できる人」「この人の発言は参考になる」という人を選んで、フォローし、リストを作っておくとよいでしょう。

そうして、「これはタネになるな」と思うようなつぶやきを見つけたら、即座に「お気に入り」に保存しておきましょう。自分のツイッターの「お気に入り」だけを眺めていても、けっこうインプットが得られるものです。

また、フェイスブック、ツイッターに続いて「グーグル＋」というソーシャルメディアもスタートしています。

筆者はまだ使いこなしていないのですが、グーグルのクラウドサービスをメインに活用している筆者としては、そのうち、「企画専用のソーシャルメディア」として、「グーグル＋」に移行するかもしれません。

Gメール同様、フェイスブック、ツイッターなどのソーシャルメディアはスマートフォンに対応していますので、それも便利な部分です。

ソーシャルメディアは、インプットの収集と、登録・管理が同時にできるものですので、企画作成に活用しない手はないでしょう。

# 07 「企画のタネ」を醸成して「自分仮説」に育てる

## ◆「自分仮説」に醸成していく

さて、こうして、どんどん「企画のタネ」をストックしていきます。今度は、ストックしたそれらを「自分仮説」に醸成します。「自分仮説」とは何でしょう？ それは、「ちゃんと検証していないけれど、なんだかおもしろい企画のもとになりそうな仮説」と筆者は定義しています。仮説とはあくまで仮説です。「やってみないとわかりません」という説明をすると、「ちゃんと調べるなりして検証しろ！」と上司に言われてしまうでしょう。しかし、筆者がひねくれているのかもしれませんが、「仮説を出すたびにちゃんと検証しろと文句を言われる」という職場環境こそが、自由に企画を出す風土を拒んでいるのだと思うのです。

「完璧に検証する手間と時間とコスト」なんてビジネスシーンにはそぐわないものです。それは学問の世界のできごとでしょう。立てた仮説をしつこく検証している間に、他の会社がそのアイデアを実現してしまうかもしれないし、あなたの会社の重役が「これでばっちりだ」と仮説の検証を評価するころには、長い時間が過ぎ去って、その仮説自体が陳腐化していることでしょう。そして何より、「完璧な検証」なんてできないうえに、できたとしても、それがビジネス的に成功するかどうかは誰にもわかりません。

筆者は「どんどん仮説を作るべき」だと考えています。つまり、「企画のタネ」から仮説を作る習慣を身につけておくのです。「自分仮説」をたくさん持っている人が企画体質になれるのです。

もう一度、先ほどの筆者の、タブレット端末と高校生についての「企画のタネ」を眺めてみます。筆者の商売柄かもしれませんが、どうしても**「高校生向けの電子書籍雑誌を定期刊行する」**というアイデアが目に浮かんできます。その定期刊行物を申し込んでくれた高校生には、**「タブレット端末をタダで差し上げますキャンペーン」**というのはどうだろうか？　そんな「自分仮説」が浮かんだら、それもまたストックに放り込んでおきます。そして、「何かあったらこの「自分仮説」を誰かに披露しよう。ふふふ」なんて、ほくそ笑んでいればいいのです。

**【自分仮説】高校生向けの電子書籍雑誌を定期刊行・その申込者にタブレット端末をタダで差し上げるキャンペーン実施**

通る企画をたくさん、しかもスピード感を持って作ることができるようになるためには、普段からこうした「自分仮説」をたくさん貯めておくこと、そしてその習慣づけをしておくことが必須です。

## ◆テーマを与えられたとき「自分仮説」を持っていると早い

さて、「本気で企画を考える」という行動に移るときには、大きく分けて2種類のきっかけがあるでしょう。

**(1) 中長期的テーマ**

自分自身の起業や起業アイデア募集など、比較的時間の締め切りや決め事がゆるやかなテーマを与えられたとき

**(2) 短期的テーマ**

取引先や社内から、ビジネスの必要に応じて、締め切りなどの制約とともにテーマを与えられたとき

多くのビジネスパーソンにおいては、圧倒的に(2)の場合が多いでしょう。つまり、他者からテーマを与えられるわけです。しかも、時間のゆとりがないことがほとんどです。

「自分仮説」をたくさん持っていると、テーマを与えられたときに、すばやくレスポンスできます。【はじめに】で述べたように、初めて参加した会議で筆者がいろんなアイデアを披露することができたのも、普段からたくさん「自分仮説」を貯め込んでいたからです。この「自分仮説」をたくさん作るというのが一つのキモです。企画通過システムがもし機械の製造システムだとすれば、「さまざまな種類のすぐれた部品」を普段からたくさん集めて保管しておくということです。「すぐれた部品」がなければ「すぐれた機械」は作り出せないでしょうし、「さまざまな種類」がそろっていないと、お客様のオーダーに応えられません。

「すぐれた部品」と言いましたが、まだこの段階では「自分仮説」です。先ほど述べたように、いろんな課題や矛盾点をはらんだ仮説であることには違いありません。これを「通る企画」に昇華して行かなくてはいけないのがもう一つのキモです。ここから企画の組み立てを開始します。それは、日常無意識にというわけにはいきません。まさに、頭を絞る作業が必要です。

つまり、企画を考えるフローというものは、最初はできるだけ広げておいて、自由に作り、そのあとにはぎゅっと絞り込む2段階の作業だと言えます。ここで大事になってくるのは時間の使い方です。

## 08 一日の中の「すき間時間」を洗い出す

### ◆「徹夜して企画を考える」なんて続けられますか？

本書を読まれている方の多くは、普通に会社勤めをしていたり、自営で仕事をされていたりするビジネスパーソンでしょう。「企画を一日考えていることで給与をもらえる」方は数少ないと思います。そんな日々のビジネス生活の中で、取引先から、上司から、経営陣から、あるいは自分が取り組んでいる仕事の中で「企画を期日までに考え出す」というテーマが発生するとします。期日だけではありません。予算や人員など、制約も多いでしょう。さらには、競合相手も存在するかもしれません。そして、日常の業務（ルーチンワーク）もこなさなければいけません。その日常の仕事の中ではトラブルが発生しますし、どうしてもつき合わなくてはいけない宴席もあるでしょう。会社だけではなく、育児や介護など、絶対にあなたの手が必要な家庭の用事も発生するでしょう。そんな環境の中で「通る企画」を考えて、アウトプットを作成しなければなりません。なんだか、書いていて気が重くなる部分がありますが、それが、現在を働くビジネスパーソンの使命でしょうね。

ここまで述べてきた、インプットを日々の生活で集めること、その中で「状況」に出会ったらすぐさま「企画のタネ」として保存しておくこと、「企画のタネ」を醸成すること。これらのあとに、企画として成立させるために、頭を絞ること。企画を生み出すためには、最低でもこれだけの作業が必要なのです。

## ◆「すき間時間」の活用が大切

そんな作業を、いったいいつすればいいのか？　これは、時間の使い方を工夫するしかありません。その主たるものは「すき間時間」の活用でしょう。ビジネスパーソンの平均的な活動のパターンを考えてみます。

（１）早朝
（２）通勤（出社）
（３）会社
（４）昼休み
（５）仕事の移動時間
（６）通勤（退社）
（７）夜

## (8) 深夜

この中で、インプットを拾い集めるのに向いている時間は、(1)(2)でしょう。また、人的ネットワークからの情報を得るということであれば、(4)ランチや(7)夜の飲み会などもインプットを得るのに適しています。さらに、単なる飲み会ではなく勉強会などであれば、さらにインプットの質が上がる気がしますね。たまには飲み会ももちろんよいですが。

「企画のタネ」を閲覧していろいろ考え、「自分仮説」を作るには、(2)の通勤時や(4)昼休み(5)移動時間でもよいでしょう。

「自分仮説」を企画に仕上げていったり、「企画A」を「通る企画」にするための「企画A+」にブラッシュアップさせたりするという、「本当に集中する時間」が必要なときは、(1)早朝か(8)深夜がふさわしい時間だと思います。

それでは(3)会社では何もできないのか? いちばん仕事をするべき時間では? 本来はそうなのですが、そこはまったく当てにならない時間だと思っていたほうがよいでしょうね。筆者の経験上、よほど恵まれた会社のオフィスでない限り、企画作業は不向きです。集中が妨げられた経験はあなたにもあるでしょう。それにだいたい会社では、目の前の仕事や会議に追われて、そんなに集中できる時間を持てないでしょう。

## ◆早朝はゴールデンタイム

ここまで言えばおわかりでしょうが、キーポイントは（1）の「早朝」です。この時間は、いちばん集中力が妨げられない、それはもう「すき間時間」というより「ゴールデンタイム」です。企画を仕上げたり、ブラッシュアップしたりするのに最適な集中環境がとれるでしょう。電話もかかってこないし、上司から声をかけられることもありません。

「短い時間で、そんな作業ができるのか？」と思われるかもしれません。これは筆者の体験値というか感覚値なのですが、息を詰めて、こういう企画関係の作業に集中できるのは90分がいいところだと思います。筆者より、もっと集中力が高く、体力があって、長く集中できると言う方もいるかもしれませんが、90分ぐらいで一区切りを取ったほうが、長期的に見て効率が高いと思います。

ですから、こうやってすき間時間ごとに集中して企画のことを考えるのは、ある意味理にかなっていると言えます。むしろ、「集中できる環境」を見つけて「集中するぞ」というモチベーションを高めるほうが大変ではないでしょうか？ 次に、その「集中できる環境」について説明します。

# 09 「自分の書斎」を見つける

### ◆「集中できる環境」を作る・探す

一番集中できる場所としては「自分の書斎」が理想だと思いますが、まずは、そんな書斎を確保するのは無理でしょう。とくに会社においては、希望しても即却下か、笑われるだけでしょうね。

前述のように、インプットを拾い集めたり、「自分仮説」を立てたりするのは、移動中、たとえば電車の中でもできないことはありません。筆者は路線バスが好きなので、バスの中で考えたりしています。

しかし、いよいよ「自分仮説」を昇華して企画にまとめ、アウトプットしようとするときには、やはり「集中できる環境＝自分の書斎」が必要になります。会社の会議室を借りて、こもって作業したなんて人も珍しくないのではないでしょうか？

基本的には、「集中できる環境＝自分の書斎」は「外」に求めるしかありません。そして、集中には次の必要条件があります。

**(1) ゆったり静かに作業できること**

（2）電源・無線ＬＡＮが完備していること（実際は通信用のデータカードなどを持っている人が多いと思うので、電源さえあれば、という所です）

（3）自分用に、使い慣れたノートパソコンと通信用のデータカードなどがあること（できたらバッテリーの持ちがよいもの）

ノートパソコンなどのモバイル機器を持ち歩き、会社以外の場所でも仕事をすることを「ノマドワークスタイル」と言います。これは遊牧民がラクダを駆り、オアシスを拠点として砂漠を渡る姿になぞらえた言葉です（フリージャーナリストである佐々木俊尚氏が命名者です）。

筆者は、前記の条件でいろんなノマドができる場所を探しました。都内では次のような所です。

・**図書館**

たとえば東京都千代田区の千代田図書館などは、電源のある席を用意していますし、ビジネスパーソンのノマド基地になることを想定しているようです。基本的に無料ですし、本の資料もいつでも探すことができるのも強みです。このように、仕事のしやすい公立図書館を見つけるのがひとつの手です。ただし、千代田図書館は大変混雑しています。条件がそろいすぎていますものね。

### ・喫茶店・カフェ・ファーストフード・ファミレス

喫茶店の中では、「喫茶室ルノアール」とその系列店がノマド向きです。電源を快く貸してもらえるし、長居しても問題ありません（ただし、電源が借りられない店もありますのでご注意）。席もわりとゆったりしていますし、駅の近くに存在することが多いのでノマドにもってこいです。ルノアールの中には、ビジネスブースを時間貸しする店もあります。「スターバックス」にも、電源を備えてノマドができるお店が都内に増えてきました。しかし、隣席との間隔が狭い場合が多く、意外と落ち着いて作業ができません。昭和風な喫茶店のほうがよいこともあるのです。「ドトール」などは、そもそも落ち着いて滞在するという雰囲気がありませんので、急ぎのときだけ使います。当然電源などは見込めません。「マクドナルド」には、電源が備えてあるところも多く、飲み物は安いし、席をゆったり使っていてもあまり気にされないうえに24時間営業のところが多いので、筆者もよく使います。しかし時間帯によっては、学生や親子連れでとてもにぎやかなことがあります。そうした場合はまったく集中できませんので、時間とタイミングを考える必要はあります。

その他のファーストフードチェーンもおおむねそんな感じです。「ファミレス」はゆっくりと作業ができる所ですが、電源はまず使えません。そのうえ、マクドナルドと同様にぎやかな時間帯があります。

**・ノマド向きのカフェ**

初めから、ノマドワーカーの利用を念頭に置いたカフェが増えてきています。筆者からすると、大変歓迎すべきことです。たとえば、「電源の使えるカフェ」とか「ノマド向けのカフェ」という文字で、グーグルで検索してみてください。数多くのお店が出てくると思いますし、そういうお店は電源の利用を前提にしています。

**・ノマド向きのレンタルデスクなど**

近ごろ、ノマドワーカーが使いやすそうな施設がどんどん都市部にできています。「勉強カフェ（http://benkyo-cafe.net/）」「クラウドオフィス（http://office.katana.bz/cloud/）」などです。たとえば「クラウドオフィス」は月1，000円から机を借りられ、電源や無線ＬＡＮは当然完備しています。喫茶店をあちこち探すより、こういう場所を自分の書斎として使うのもよいでしょう。

# 10 集中モードに入る工夫をする

## ◆ノマドはモチベーションを高めるのに有効な仕事スタイル

「自分はいかなる環境でもすぐ集中して仕事に向かう自信がある」という方はこの項を飛ばしていただいてもかまいません。

「集中できる環境」があったとして、自分が集中できる気分にならないと何もはかどりませんね。前出のノマドワークスタイルがいいのは、喫茶店でもカフェでも、そこにその目的で入ったからには、もう他のことはできないからです。つまり、ノマドをやること自体すでに集中しようというモードに向かいつつあるわけです。しかも、お金も払うのですから、普通の人のメンタリティであれば、そこでサボる気分にはなりにくいでしょう。

それでは、パソコンを開き、モチベーションを高め、集中するにはどうしたらいいか？実は、パソコンを開いて、何かテキストを打ち出せば、その仕事の半分ぐらいは終わっていると筆者は考えます。最初の一行を書くのが、ほんとにつらい場合が多いのです。

デジタルデータで「ストック」に貯めておくとよいのはこういうときです。ストックからデータ、とくに「自分仮説」を探して、どんどんコピー&ペーストしていけばよいのです。そうすると、いつの間にか集中モードに入れるはずです。

### ◆集中モードには音楽のサポートが効果的

自宅で企画を考えるとき、あるいはどこかのカフェで企画を考えるときに、集中力を高めるためサポートをしてくれるものとして「音楽」が有効だと思います。正確に言うと、筆者は、音楽を「集中するためのスイッチ」として使っています。

大前研一氏は訳書『ハイ・コンセプト「新しいこと」を考え出す人の時代』（ダニエル・ピンク著 三笠書房）の中で次のように述べています（以下太字斜字引用）。

***（前略）だからボケッと聞くなら、モーツァルトを流しているのがいちばんよいということだ。（中略）モーツァルトの旋律には3000ヘルツ帯が多く、それが右脳を大いに刺激することが大脳生理学でもわかっている。***

きっと、企画をぼんやり考えるときには、モーツァルトのような、右脳を刺激する音楽が発想に効果的なのでしょう。

それでは集中するときには？ 筆者はバッハを事務所で流しています。そして集中してくると、音楽そのものが聞こえてこなくなってきます。それがまさに集中しているということでしょう。つまり、バッハの音楽が聞こえてきたら、「集中モード」に入るように、自分に習慣づけているのです。

ノマドワークのときには（子どもが大騒ぎしているという不幸な状態にぶつかったときのためにも）、携帯音楽プレイヤーが必須です。その中に、「集中モード」に入るためのスイッチとして、バッハのプログラムを入れてあります。皆さんも、好きな音楽を選んで自分の集中モード用のスイッチを考えるとよいでしょう。もちろん皆さんの好き好きですが、バロック音楽は集中を高める効果が高いのではないかと推測します。

『コリン・ローズの加速学習法実践テキスト』（コリン・ローズ著　ダイヤモンド社）にも同様に音楽の効果が書かれています（以下太字斜字引用）。

***（前略）加速学習ではバロック音楽がよく使われます（中略）右脳を活性化し、リラックスした受容性を引き出す効果があります。***

ちなみに、私が「集中モード」に入るときに流している、あるいはヘッドフォンで聴いている音楽のリストをご紹介しましょう。

●バッハ

J.S.バッハ:無伴奏チェロ組曲第1番 ト長調 BWV1007
ゴルトベルク変奏曲 BWV998 - Aria
クリスマス・オラトリオ BWV248 - 第10曲 シンフォニア
カンタータ第147番 主よ、人の望みの喜びよ（マイラ・ヘス編）
オーボエとヴァイオリンのための協奏曲 ハ短調 BWV1060a
ピアノ協奏曲第5番 へ短調 BWV1056
ヴァイオリン協奏曲第1番 イ短調 BWV1041
2つのヴァイオリンのための協奏曲 ニ短調 BWV1043
カンタータ第140番「目覚めよと呼ぶ声あり」BWV140
無伴奏ヴァイオリンソナタ第3番 ハ長調 BWV1005 など

●モーツァルト

ピアノ協奏曲第23番 イ長調 K488 第2楽章
クラリネット五重奏曲 イ長調 K581 第1楽章
ピアノ協奏曲第21番 ハ長調 K467 第2楽章

ディヴェルティメント第17番　ニ長調　K334　第3楽章　など

## ◆企画の「集中モード」は早朝・ノマド・音楽の組み合わせ

筆者がビジネス生活を開始したころは、企画を考える、という作業は残業時に行われるものでした。

ひょっとして、今も、会社のデスクで、夜遅くまで頭をひねっている方も少なくないかもしれません。しかし、モバイル環境の充実と、生活環境の変化（残業廃止の流れも含めて）によって、そんなスタイルは非効率になりつつあると思います。実際、筆者も会社で残業をしていると、必ず同僚や上司とのムダなおしゃべりがありました。

ここまで述べてきたように、筆者にとっては、「企画を考えるために集中するぞ」という組み合わせは「早朝」「ノマド」「音楽」なのです。それらを組み合わせた場所を見つけられれば、言葉は変かもしれませんが、「快適に集中」できる環境が手に入るはずです。

そして、必要なものは、モバイルパソコンとデータ通信カード、そしていくつかのクラウドサービスです。今後、スマートフォンがより浸透し、機能もアップしてくれれば、モバイルパソコンを持ち歩かなくても、スマートフォンとスマートフォン用キーボードの組み合わせでかなりの作業ができるようになるでしょう。

# 第2章

# 冴えた仮説を作ることがキモだ

## ～自分ブレスト編

# 11 「冴えた企画」とは「冴えた自分仮説」から

## ◆諸葛亮孔明の「冴えた企画」とは？

三国志に出てくる不世出の軍師、諸葛亮孔明。筆者は「企画を立てるシーン」としていつも思い浮かべるものが、「赤壁の戦い」を前に、呉の司令官周瑜に「10日で矢を10万本集めてほしい」と無理難題をふっかけられ、それを解決した逸話です。

孔明は、無人の軍船をむしろなどでカバーして、夜霧の中、敵陣に忍ばせて、敵に矢を放たせることによって、無事10日で10万本の矢を集めることに成功しました。

この「10日で矢を10万本集めてほしい」というのが、クライアントや上司から降ってくるテーマだと考えてください。普通なら、絶対間に合わないと思われるオーダーで、実際、周瑜はできないことを口実に孔明を亡き者にしようとしていたわけです。

矢をイチから作っていては間に合いません。そこで、この難題を解決するために「企画」が必要になります。しかし、その企画を考えるときには「仮説」があるはずです。それは「夜霧の中、敵陣に奇襲を仕掛ければ、敵は相手をよく確かめずに矢を放って攻撃してくるだろう」という冴えた仮説です。この仮説が出た瞬間、この企画は成ったはずです。

しかし、その仮説を考えるときに、孔明には「切り口」があったはずです。恐れ多いですが、孔明に成り代わって考えてみましょう。

**(1)テーマ**

・10日で矢を10万本集めること

**(2)切り口**

・突貫作業で作る → ありえない
・商人に売ってもらう → ありえない
・戦場に落ちているものを拾い集める → ありえない
・相手からもらう → これだ！

**(3)冴えた切り口**

・10万本の矢を持っているのは敵方
・敵方からもらうのがいちばん早い

**(4)自分仮説**

・霧の出た夜に奇襲をかけたら敵方は矢を放ってくるはずなので、それを集めるのがよい。

## （5）企画

・むしろなどでカバーした軍船で、霧の深い夜に奇襲をかけて、相手に矢を撃たせ、船で受け止めて集めてくる。

孔明のこの企画がまんまと当たったわけです。ビジネスにおいても、こんな痛快なことができれば言うことはないですね。この孔明の逸話は、ビジネスにおける企画というものを考えるときに、非常に端的な例になると思います（もちろん史実かどうか定かではありませんが）。

### ◆「冴えた企画」は「冴えた仮説」ができれば完成は近い

つまり、「冴えた企画」とは、「冴えた自分仮説」を考えることにほかならないのです。テーマが与えられ、さまざまな切り口で、「冴えた自分仮説」ができないか考えをめぐらすことになります。つまり、「冴えた自分仮説」を作るときには、「冴えた切り口」を見つけなくてはいけません。

この流れを整理しましょう。

**(1)テーマをさまざまな切り口で検討する**
**(2)「冴えた切り口」を発見する**
**(3)「冴えた自分仮説」を作る**

ここまでできれば、もう企画はできたも同然です。

つまり、こういう流れをシステム化するのが、「企画通過システム」なのです。インプットの取得から、こうして「冴えた自分仮説」を作るところまでを**「フロー」**として、できるようにすることと考えればいいでしょう。

しかし、現実はフローとして流していけば「冴えた企画」ができるような、そんなに甘いものではありません。「冴えた」と書かれていることに注目してください。凡庸な仮説では、「冴えた企画」になり得ないのです。孔明のように「敵方からもらう」という斬新な切り口にたどりつかないと、相手をあっと言わせることはできません。

そうすると、「企画通過システム」には、「ストック」そして「フロー」のほかに、**「醸成（ブリュー）」**という機能が必要になります。

ここは大切なところなので、ツールを使ってもう少し具体的な方法を述べてみましょう。

# 12 「自分仮説」醸成にクラウドサービスを使う

## ◆グーグルドキュメントで「自分仮説」に醸成していく

「企画のタネ」からいろいろたまってきた「企画のタネ」の中でも、引っかかるもの、ピンときたものは、早めに「自分仮説」として整理しておきましょう。これについては、やはりクラウドサービスの「グーグルドキュメント」を活用すると便利です。

前述のようにGメールのアカウントを取ると、自動的にグーグルドキュメントは使えるようになっています。カンタンに言うと、グーグル版のマイクロソフトオフィス（ワード、エクセル、パワーポイントなど）のようなもので、それらに触れたことがある人なら、何の説明も予備知識も必要なく使い始めることができます。

まずはグーグルドキュメントの「新規作成」から「スプレッドシート」を選択します。これは、エクセルに近い機能を持ちます。エクセルがある程度使える人なら問題ないでしょう。次に新規のファイルを作成して、名前をつけましょう。「自分仮説」でもかまいません。エクセルのように、1つのファイルの中に、複数のシートを増やしていくことができます。

筆者は、1つのファイルにテーマから名前をつけて、その中に複数の小テーマごとのシートを作っています。

シートの一番上の「見出し」部分には、「テーマ」「自分仮説」「URL」「コメント」と記入していき、一行ごとに、「自分仮説」を思いついたまま、まとめていきます。この「コメント」とは何のためにあるのか、次に説明します。

これなら、エクセルのシートでもよいのではないか、という声もあるでしょう。もちろん、それでもかまわないのですが、クラウドサービスであるグーグルドキュメントを使えば、前述のようにこんなメリットがあります。

**・インストール不要**

**・サービス提供会社により常に最新バージョンが提供される**

**・基本的に無料**

**・いつでもどこでもデバイス（パソコンやスマートフォンなど端末のこと）を選ばず作業が可能**

そして、グーグルドキュメントの最大の特長は**「他者と共有して作業をすることが可能」**というところです。具体的には、他者にこの「自分仮説」ファイルを公開して、意見などを「コメント」欄につけてもらうことができるのです。自分ではよいと思っていた「自分仮説」に、他者の意見を取り入れてブラッシュアップができるというわけです。

「共有」の所を選んで、共有したい相手のメールアドレスを記入するだけで、相手がこのファイルに記入することが可能になります。何人でも増やせます。また、「閲覧だけで編集はできない」ように設定することもできます。

筆者は、会社の共同掲示板のように、プロジェクトごとにグーグルドキュメントでこういう表組を作り、アイデアのタネを増やしていくために使っています（左図参照）。

グーグルドキュメントの「スプレッドシート」は、クラウド上で作業したあと、エクセルのファイルに書き出すことができますし、ＰＤＦファイルに書き出すことも可能です。最後に、企画としてアウトプットに仕上げるときには、やはりマイクロソフトオフィスのパワーポイントを使っていますが、やりとりはスムーズにできます。

グーグルドキュメントを使うと便利なことをさらに加えれば、Ｇメールとグーグルドキュメント両方からキーワードで検索することも可能です。ですから、「企画のタネ」はＧメール、「自分仮説」はグーグルドキュメントと併用していけば、企画製造システムが効率的に運用できるわけです。

## 図02 グーグルドキュメントの「スプレッドシート」で「自分仮設」を醸成する

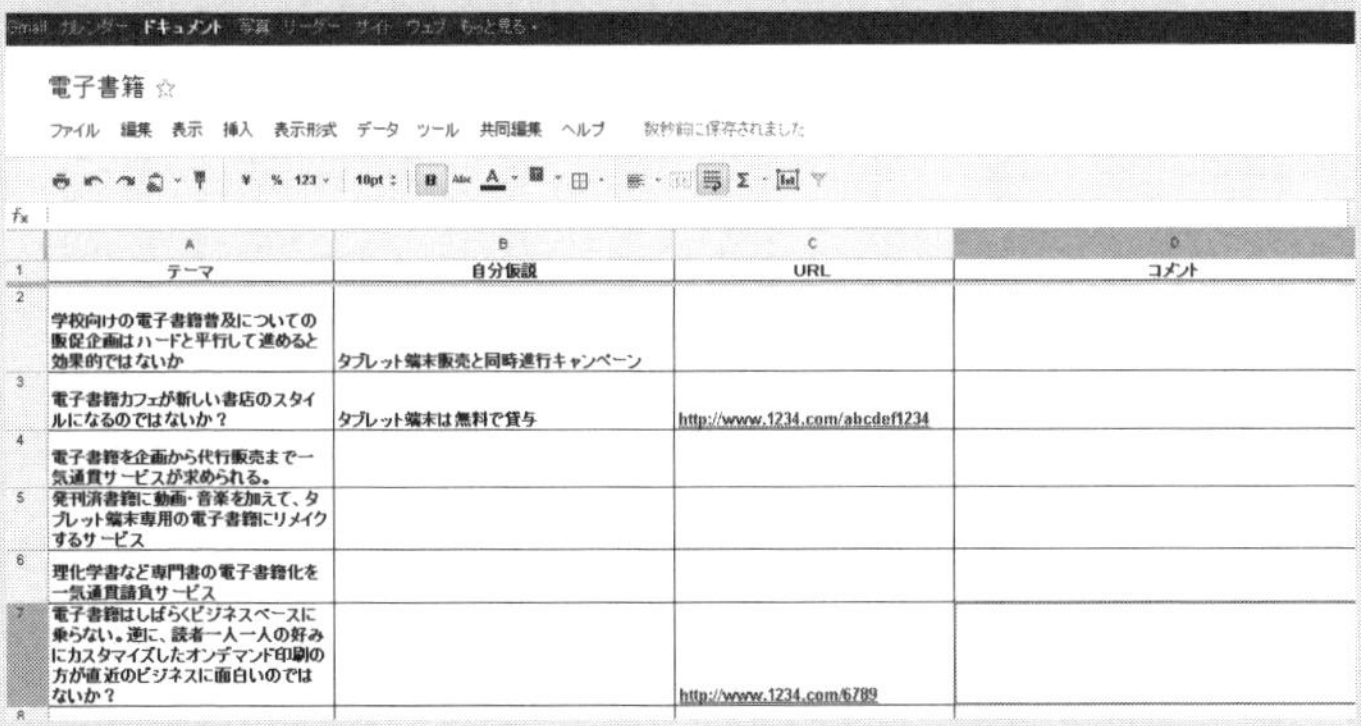


| | テーマ | 自分仮説 | URL | コメント |
|---|---|---|---|---|
| 2 | 学校向けの電子書籍普及についての販促企画はハードと平行して進めると効果的ではないか | タブレット端末販売と同時進行キャンペーン | | |
| 3 | 電子書籍カフェが新しい書店のスタイルになるのではないか？ | タブレット端末は無料で貸与 | http://www.1234.com/abcdef1234 | |
| 4 | 電子書籍を企画から代行販売まで一気通貫サービスが求められる。 | | | |
| 5 | 発刊済書籍に動画・音楽を加えて、タブレット端末専用の電子書籍にリメイクするサービス | | | |
| 6 | 理化学書など専門書の電子書籍化を一気通貫請負サービス | | | |
| 7 | 電子書籍はしばらくビジネスベースに乗らない。逆に、読者一人一人の好みにカスタマイズしたオンデマンド印刷の方が直近のビジネスに面白いのではないか？ | | http://www.1234.com/6789 | |

グーグルドキュメントの「スプレッドシート」では、複数の人が1つのシートを自由に編集できる。共同でプロジェクトを進める場合に便利なツールだ。

# 13 「冴えた自分仮説」に醸成するツールと方法

## ◆「自分ブレスト」の必要性

「企画のタネ」を醸成して「自分仮説」にする、ということを前述しました。たくさんの「自分仮説」をストックしておくことが企画作りには大切なことなのです。しかし、何も磨かれていない、「ただの自分仮説」では、「冴えた企画」になりません。「冴えた自分仮説」に醸成する必要があります。

そのためには、**「自分ブレスト」**というべき、考えをめぐらす作業が必要です。「ブレスト＝ブレーンストーミング」。ブレストというのは、アレックス・F・オズボーン氏が開発した集団による発想法で、少人数の集団会議でアイデアを出し合い、相互作用でアイデアをふくらませ、よりよい案を産み出すきっかけを作ろうとするものです。

もちろん、実際にあなたの持っている「企画のタネ」や、それを多少醸成した「自分仮説」をもとにブレストを行えば、より「企画のタネ」が成長したり、違った切り口の「自分仮説」が発見できたりする可能性があります。しかしなかなか、そういう機会を持てない人も多いでしょう。そんな場合、ツールを使って「自分ブレスト」を行い、「企画のタネ」

や「自分仮説」を醸成するようにするのです。それでは、「自分ブレスト」の具体的な方法に入りましょう！

## ◆テーマと自分のストックをマッチングさせることからスタート

まず、あなたは上司から「テーマ」を与えられました。そのテーマについて、あなたは企画を考えなければなりません。今まででしたら、イチから考え出すところでしょう。しかし、ここに至るまで、「企画のタネ」と、それに基づいて考えた「自分仮説」を、あなたはストックとして持っているはずです。そのストックの中に、与えられたテーマに合致するものがあるかどうかマッチングを行います。

そうしてみると、3つのパターンがあるはずです。

**(1)「企画のタネ」の中に、よりマッチングするものがある**
**(2)「自分仮説」の中に、よりマッチングするものがある**
**(3)「企画のタネ」「自分仮説」には、マッチングするものはない**

「企画のタネ」が育って「自分仮説」になったものですから、どちらかにあって、どちらかにない、というのは考えにくいので、この3パターンです。

このパターン（1）（2）それぞれに、筆者がおこなっていることを集約して、「醸成ツール」として作成してみました。まずは67ページの図03をご覧ください。

使い方としては、まず「テーマ」のところに与えられたテーマを記入します。そして、マッチングしそうだな、と思う「企画のタネ」をその下に書き出します。そして、その「企画のタネ」について、9個チェックしてみます。チェックしながら「案1」の欄を次々埋めていきましょう。このチェックリストは、前述のアレックス・F・オズボーン氏が開発した「オズボーンのチェックリスト」を参考にしています。チェックは1回では心許ないです。その右の「案2」の欄も埋めていきましょう。それを繰り返して、テーマにマッチングした「自分仮説」を作成していきます。

おわかりのように、これは、普段おもしろそうな「企画のタネ」を見つけたときに、自発的に「自分仮説」を作るためのツールとしても活用できます。

ちなみに、これらの醸成ツール（1）（2）は、紙でもいいのですがグーグルドキュメントで一元管理すると、自分の思考の経緯がわかって便利です。

幸いにして、上司から告げられたテーマにマッチングする「自分仮説」が自分のストックにあったとします。しかし、それをそのまま企画化するのではなく、もっと「冴えた仮説」にする必要があるのではないかと立ち止まることが必要です。

その場合は69ページの醸成ツール（2）を使います（図04参照）。

## 図03　醸成ツール(1)
## 「企画のタネ」にマッチングするものがあった場合

| | | |
|---|---|---|
| テーマ | | |
| 「企画のタネ」 | | |
| | 案1 | 案2 |
| ①使い道を変えてみたら | | |
| ②真似してみたら | | |
| ③形を変えてみたら | | |
| ④大きくしてみたら | | |
| ⑤縮小してみたら | | |
| ⑥他のもので代用してみたら | | |
| ⑦置き換え、入れ替えしてみたら | | |
| ⑧逆に考えてみたら | | |
| ⑨何かと結合してみたら | | |

| 自分仮説 |
|---|
| |

企画通過ツールダウンロード用 URL
http://nana-cc.com/Planpassage/Planpassagetool.zip
または「ガーデンシティ・プランニング　藤木俊明」で検索

テーマと「自分仮説」を記入します。そうして、切り口をいろいろ探すのですが、単に切り口と言われても思い浮かばないことが多いでしょう。「目的」「ターゲット」「解決したいこと」を順番に整理していき、「類似のもの」や、同じようなテーマでの他社の事例がないかどうか調べて、書き出します。そうして、自分が企画化したいことの差別化ポイントは何か整理します。

その作業の成果物として、「冴えた仮説」を書き出します。カンタンに述べましたが、楽な作業ではありません。しかし、あてもなく、あーでもない、こーでもないと悩むより、こうして書き出していったほうが、自分の思考の経緯があとで確認できるので、効率が上がるはずです。

### 図04　醸成ツール(2)
### 「自分仮説」にマッチングするものがあった場合

| | | |
|---|---|---|
| テーマ | | |
| 「自分仮説」 | | |
| 切り口 | 目的は? | |
| | ターゲットは? | |
| | 解決したいことは? | |
| | 類似のものは? | |
| | 差別化ポイントは? | |

↓

| 冴えた仮説 |
|---|
| |

企画通過ツールダウンロード用URL
http://www.nana-cc.com/planpassage/planpassagetool.zip
または「ガーデンシティ・プランニング　藤木俊明」で検索

# 14 テーマに合うものがストックにないときは？

◆テーマと自分のストックにマッチングするものがなかったとき

自分の「企画のタネ」「自分仮説」ストックにマッチングするものがない、そもそもストックが少なくて……という場合は、前述のような醸成ツールを作る前に、まず「企画のタネ」を収集するところから始めるしかありません。

その収集の仕方はいろいろありますが、大きくは次の3つに集約されます。

・ネットで収集
・人から収集（ヒアリング）
・図書館で収集

しかし、現実的に、「人から収集」と「図書館で収集」は時間がかかりすぎます。筆者は次の方法を実践しています。

**(a) ネットで収集**
**(b) ネットで人から収集**

それでは具体的に述べましょう。

### (a)ネットで収集

まず、グーグルでの検索がメインとなります。与えられたテーマ関連の情報がないか検索します。これはビジネスパーソンなら誰でもやっていることですね。しかし、グーグルでの検索もひと工夫すると、企画を考えるのにずいぶん役立つのです。

「○○○+市場規模」（○○○はテーマとして与えられたもの。たとえば「ハンバーガー」とか「介護」など）、または「○○○+意識調査」のように、ひと言加えて検索すると、参考になるデータを目にすることができます。

――http://www.google.co.jp/

また、ニュース記事にも、「企画のタネ」が落ちていることが少なくありません。次の「ニュース検索」で、テーマに関連する記事がないか探してみます。

――http://news.google.co.jp/news

書籍や論文を探すときは「グーグルブック」がいいでしょう。中身をある程度読むことかできます。

――http://books.google.co.jp/

テーマに関するキーワードについて、時期ごとの大まかなトレンドを見てみたい、というときは「グーグルトレンド」を使えば便利です。

――www.google.co.jp/trends

「はてなブックマーク」も、ネットユーザーが興味を持っていることを調べるのに便利です。

――http://b.hatena.ne.jp/

しかし、「はてなブックマーク」は玉石混淆といいますか、どうでもいいようなものも混じっています。むしろ、多くのブックマークを集めている＝皆が興味を持っているリンクを、普段からストックしておくほうが使い方としてはいいのではないかと思います。

「NAVER（ネイバー）」というサイトの「ネイバーまとめ」も、「企画のタネ」を得るのにおもしろいサイトです。これは、利用者があるテーマを選んで「まとめ」を作ってくれているので、ぴったりはまるものに出会えるかもしれません。

――http://matome.naver.jp/

公的なデータベースから探す方法もあります。「総務省統計局」のホームページは、統計資料の宝庫です。しかも、公的機関の統計は出典を書いて利用自由です。

――http://www.stat.go.jp/

統計資料なら「レポセン」というサイトも調査資料を多数リンクしていて、とても便利です。

――http://reposen.jp/

これらで調べた「企画のタネ」を、グーグルドキュメントにまとめていけばいいでしょう。

### (b) ネットで人から収集

フェイスブックやツイッターなどのソーシャルメディアから「企画のタネ」を収集する方法を前述しました。今度は、あるテーマについて、目的を明確にして検索する必要があります。ネットで検索することは同じですが、人の意見を収集することにほかならないので「ネットで人から収集」という意味になります。

**・ツイッター**

キーワードを検索する機能がありますので、人のつぶやきを検索していきます。

**・フェイスブック**

こちらは、自分が探しているテーマについて、関連のフェイスブック・ページがないか探していくことになります。筆者は、こちらについては、補完的に使うのみで、「(a) ネットで収集」がやはりメインとなっています。

# 15 クラウドサービスで「ブレスト」をおこなう

## ◆メンバーとネット上でブレストする〜社内ツイッター

この章では「自分ブレスト」をおこなって、「企画のタネ」を仮説に醸成していくことを述べています。しかし、自分だけではなかなか広がらない、やはり、他の人とブレストをおこなって、もっと別の切り口がほしいと思うこともあるでしょう。

ブレストは、本来数人が集まって意見を自由に交わすものですが、忙しいビジネスパーソンには、なかなかそんな時間が取れません。そこで、クラウドサービスを使ってバーチャル空間でブレストすることをおすすめします。無料のものがほとんどですので、気軽に試してみるとよいでしょう。

まずは、「社内ツイッター」、つまり、限られた相手とだけツイッターのように自由に単文をやりとりするサービスを紹介しましょう。無料で使いやすいものとして、「ユールーム」という日本語版のサービスがあります。

ここに、ある程度気心の知れた、また、信用のできる仲間を招いて、あるテーマについて自由に意見を戦わせます。どんどん書き込んでいけますので、時間の制約もなく、内容が外部に漏れる恐れもないので、ブレストに近い意見交換が可能です。ある種のメーリングリストのようなものですが、メールよりはるかに便利な印象ですし、意見交換の経緯が記録されますので、あとで議論の流れを確認するのにも便利です。

——http://youroom.in/

## ◆メンバーとネット上でブレストする～フェイスブック

フェイスブックを使っている人は、前述のように、新たに社内ツイッターのサービスを探さなくても、ほとんど同じことがフェイスブック上で可能です。ただし、フェイスブックの利用アカウントを持っている人に限定されます。

フェイスブックにログインして、自分のホームページの左側にある「グループ」をクリックします。次に上部の「グループを作成」というボタンをクリックします。それから、グループに名称をつけ、「非公開」か「秘密」にしておきましょう。そうして、フェイスブックに参加している人の中から、自分がある程度信頼できる相手や会社の同僚などを探して、グループに加わってもらえるようお願いします。それで設定は終わりです。

そこから、自分が考えたこと、たとえば「こういう自分仮説を考えたけれどどうでしょうか?」などと投稿すると、メンバー全員にその意見が届きます。前述の社内ツイッターサービスと同じような感じです。ほとんどリアルタイムに議論している感じになります。「非公開」の設定を進めましたが、内容によってはオープンなグループに設定して、いろんな人から、同一テーマに関する意見を集めて自由に議論するというのも、パブリックなテーマなどではよいかもしれません。フェイスブックの特徴として「実名」で意見が述べられますので、乱暴な意見は比較的入り込みにくいと思います。

## ◆メンバーとネット上でブレストする〜スカイプ

やはり顔を見て、会話でブレストしたいという人も少なくないでしょう。大きな会社であれば、「テレビ会議システム」のようなものがありますので、遠隔地の人と顔を見ながら議論ができます（しかし、その場合も決められた時間にカメラの前に待っていなくてはならないですが）。もっと気軽に、安価に会話でブレストをしたいときには、「スカイプ」が便利です。

基本的に通話料は無料ですし、パソコンとウェブカメラとマイクがあれば、そしてブロードバンドにつながっていればどこでも開催・参加可能です。ウェブカメラやマイクがついているパソコンであれば、もうそのまま使えます。ｉＰａｄなどのタブレット端末でも可能になってきました。複数人数でも会話によるブレストができますので、顔を見ながら話したいという人には便利です。

筆者は、スカイプを使って北海道や九州など遠隔地の人と長時間会話をしますが、やはり、声や表情がわかるコミュニケーションに勝るものはないなと感じます。今後スカイプが普及していけば、「スカイプ・ブレスト」が当たり前になっていくのではないでしょうか。

――http://www.skype.com/intl/ja/home/

### ◆限られたメンバーとネット上でブレストする～グーグルドキュメント

ブレストとはちょっと違いますが、グーグルドキュメントを共有して、メンバーに「評価」や「コメント」を書き込んでもらいます。前述のように、スプレッドシートにコメント欄を作っておき、「こうすればもっとおもしろくなるのではないか」などと書き込んでもらいます。

こういった試みをすると、否定的な意見ばかり書く人がいます。もちろん、企画の欠点を指摘することは大切ですが、その場合は「こうしたらもっとよくなる」など対案を書き添えるようにルールを決めておきましょう。建設的な意見を書いていかないと、ブレストは止まってしまいます！

# 16 インプットから「冴えた自分仮説」までのマトリクス

## ◆ここまでの流れをマトリクスに整理してみる

「自分仮説」を立てて、自分ブレスト、または他者を巻き込んでのブレストなどを経て、「冴えた自分仮説」がようやくできました（自分では冴えた仮説だと思いましょう）。ここまでが、前半の流れです。これをマトリクスにしてみましょう。

ここまでは、自分ブレストが終わったところで、次にこれを企画のカタチにいよいよまとめなくてはいけません。今できている「冴えた自分仮説」、それを人にわかりやすく伝わるように組み立てるわけです。その企画を、筆者は**「企画A」**としています。ですから、次の作業は「企画A」を作ることです。

「企画A」と呼ぶのは、ここで止まってはいけないからです。これは、たとえばパソコンなどのソフトウェアであれば、ベータ版です。さらに改良して、もっと通る企画を目指さなくてはいけません。しかし、たとえベータ版であったとしても、「人に見せられるもの」にしなくてはなりません。実戦では、いつ何時「あの企画はどうなっている?」と、上司や取引先から問い合わせがやってくるかわからないからです。そんなときに、「はい。頭の中ではできていますが、まだお目にかけるカタチになっていません」と答えられる人は、よほどの大物かアーティストでしょう。まず、「企画A」という人に見せられるカタチを早く作らねばなりませんね。

マトリクスにまとめてみましたので次のページの図05をご覧ください。

上から、まず「インプット」を収集して「企画のタネ」を見つけていき、どんどんクラウドサービスを利用して「ストック」に投げ入れていきます。そうして、それらを「自分仮説」に育てていきます。

「自分仮説」を、「自分ブレスト」で醸成していき、ソーシャルメディアなどを使って、他者の意見も取り入れ、「企画A」へと落とし込みます。ここまでが、インプットを「企画A」のカタチにする、企画通過システムの前半の大きな流れです。

## 図05 「冴えた自分仮説」を「企画A」にするためのマトリクス図

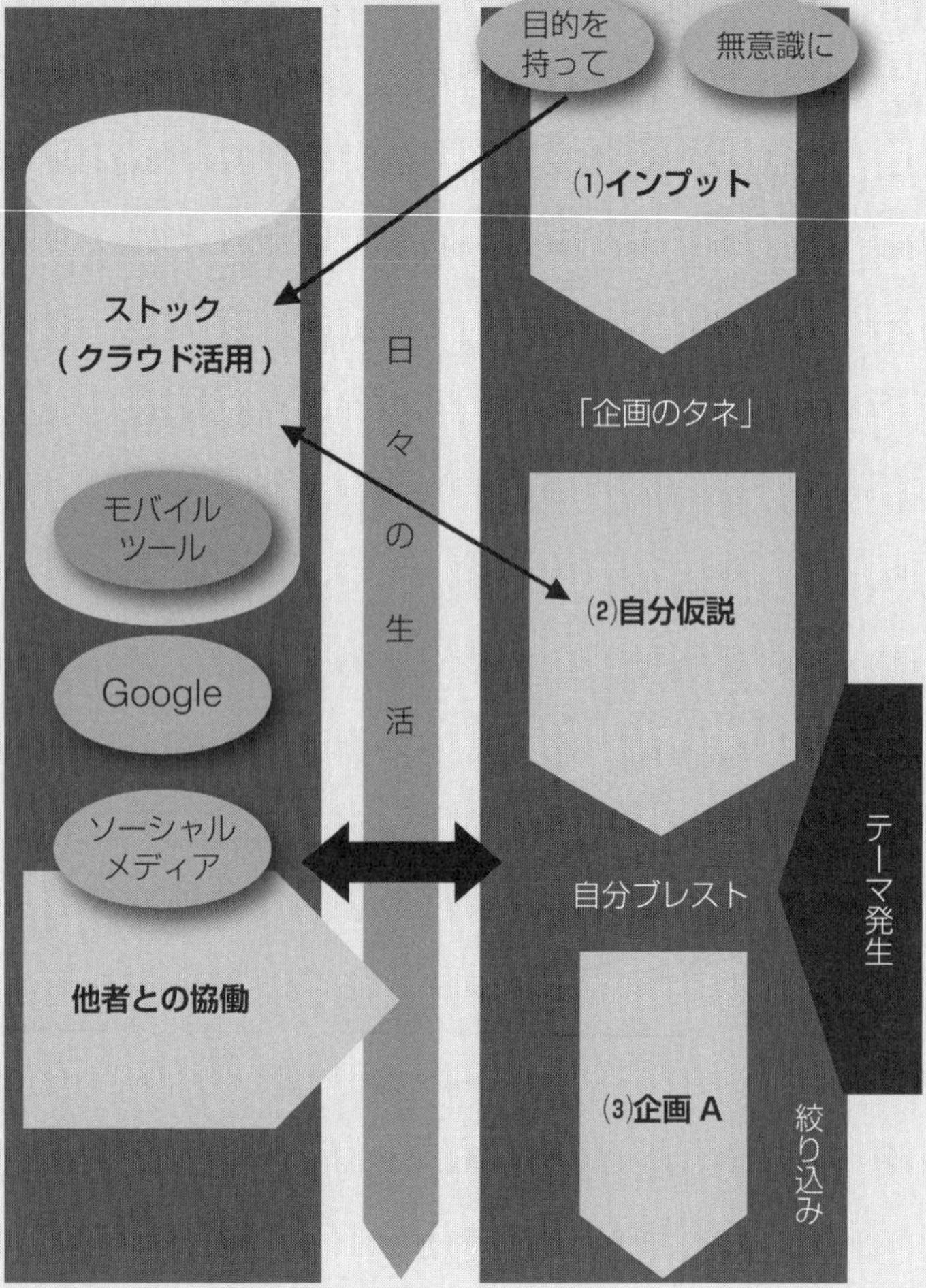

第3章

# 「企画通過システム」を自分のものにする

## ～企画創出編

# 17 「企画A」を作るための整理フォーマット

### ◆企画のカタチに整理してみる

ここまでのプロセスを経ることで、「冴えた自分仮説」ができたとします。これをアウトプットとして、人に見てもらわなくてはならない。見てもらうだけではありません。理解してもらわなくてはいけません。

企画とは、とかく頭の中で「もやーっ」としたイメージで語られてしまいがちです。それでは、テーマを与えた方には伝わらないことが多いのです。

次のような順番で、整理していくといいでしょう。

・企画の骨子

(1)ひと言で言うとどんな企画なのか?

(2)どうしてその企画がいいと思うのか?

(3)その企画によって、テーマを与えた方(上司つまり会社、取引先など)にはどんなメリットがあるのか?

・企画のビジネス要件
（４）企画の実施にはどれぐらいの期間が必要か？
（５）企画の実施にはどれぐらいの予算が必要か？

まず、何といっても一番大切なのは「（1）ひと言で言うとどんな企画なのか？」です。これこそが、企画のエッセンスです。これをひと言で言えないようでは、人に伝わらないと思ったほうがいいでしょう。

そして、「（2）どうしてその企画がいいと思うのか？」については、企画の背景です。「自分仮説」の仮説のもとになる部分です。ここがはっきり、しっかりしていると、（1）に述べていることに説得力が出てきます。ここがないと、（1）は単なる思いつきととらえられてしまうでしょう。

「（3）テーマを与えた方にはどんなメリットがあるのか？」は、この企画が通るかどうかの決め手になる部分です。相手にメリットがなければ、よほどの企画でなければ、ビジネスとして採用されません。

「（4）企画の実施にはどれぐらいの期間が必要か？」「（5）企画の実施にはどれぐらいの予算が必要か？」は、スケジュールと予算というビジネスとして展開するための要件です。ここが明確であれば、また、テーマを出した方の意に沿っていれば、企画はかなり有望と言えるはずです。

この5つの整理を、長文でする必要はありません。それぞれ70字〜100字ぐらいで十分でしょう。それぐらいの長さであれば、相手に口頭でも伝えられるレベルです。

左ページ図06の整理フォーマットにそれぞれ書き込んでみてください。それでもう、あなたの企画はまとまっています。少なくとも、相手が判断できるレベルのものになっているはずです。これも、できたら、グーグルドキュメントでフォーマットを作成して、いつでもどこでも作業できるようにしておくといいでしょう。

さて、ここまであなたの企画はまとまりました。いよいよ企画書としてのフォーマットに落とし込みましょう。

## 図06　「企画A」整理フォーマット

| | |
|---|---|
| テーマ | |
| (1)ひと言で言うとどんな企画なのか? | |
| (2)どうしてその企画がいいと思うのか? | |
| (3)その企画によって、テーマを与えた方(上司つまり会社、取引先など)にはどんなメリットがあるのか? | |
| (4)企画の実施にはどれぐらいの期間が必要か? | |
| (5)企画の実施にはどれぐらいの予算が必要か? | |

企画通過ツールダウンロード用 URL
http://www.nana-cc.com/planpassage/planpassagetool.zip
または「ガーデンシティ・プランニング　藤木俊明」で検索

# 18 ワンシートにまとめる

## (1) 整理フォーマットを加工すればOK

### ◆ワンシートにまとめ直してアウトプットを作る

前述のように、整理フォーマットにまとめたものを、いよいよ「人に見せるためのアウトプット」にします。整理フォーマットができていれば、もう迷うことはありません。それを置き換えるだけでよいのです。

筆者は、まず、ワンシートにまとめることを強く推奨します。企画を相手に説明するとき、長々と書類を読ませたり、何十ページもあるパワーポイントのスライドを相手に見せたりするのは「相手の時間を奪う」と同義です。スピード感を持って、相手に企画をわかってもらうためには、基本的なアウトプットは「書類一枚」が好適です。

パソコンでの提案環境が整ってきた現在では、「動画」などビジュアルを活かしたアウトプットも効果的です。しかしそれだけでは、ビジネス現場ではなかなか通用しないことも多いですし、セッティングに時間がかかって相手に説明するのに不便ですので、書類の

## 図07　「企画」アウトプットのフォーマットスタイルについて

| | スタイル | スピード感 | 情報量 | インパクト | 作成時間 |
|---|---|---|---|---|---|
| 紙 | 大量の書類 | × | ◎ | ○ | × |
| | ワンシート(A4) | ◎ | △ | △ | ◎ |
| | ワンシート(A3) | ◎ | ○ | △ | ◎ |
| プロジェクター | 大量のスライド(パワーポイントなど) | × | ◎ | ○ | × |
| | 10ページ程度のスライド | ○ | ○ | ○ | △ |
| | 動画 | ○ | ○ | ◎ | 場合による |

カタチとしてのアウトプットが必要になります。

筆者は、「A3ワンシート」のフォーマットを強くすすめます。その理由を87ページの図07に整理しましたので、参考にしてください。

筆者が「A3ワンシート」をおすすめする理由の大きなものは、「スピード感」です。そして、「情報量」です。「大量の書類」「大量のパワーポイント」のほうが、さらに情報量が多いからよいのではないか？　という意見があるかもしれませんが、企画を的確に相手に伝えるためには、情報量が多すぎると相手がポイントを理解しきれません。また、「A3ワンシート」は、折りたためばA4であり、ファイリングや持ち運びにも適したサイズです。

「インパクト」という意味で多少物足りなければ、表にあるように動画で補完するとよいでしょう。もし、プロジェクターなどをセッティングできなければ、iPadなどのタブレット端末で、「ビジュアル」の訴求力を補完するのです。

## ◆整理フォーマットをワンシートにまとめ直してみる

それでは、もう一度「企画A」の整理フォーマット（左図）をご覧ください。この（1）から（3）が、「企画の骨子」にあたるところです。いちばん大切な部分であり、ここさ

## 図08 「企画A」整理フォーマットの意味

| | | |
|---|---|---|
| テーマ | | |
| 企画の骨子 | (1)ひと言で言うとどんな企画なのか? | 概要:「ひと言で言うと」 |
| | (2)どうしてその企画がいいと思うのか? | 背景:「なぜそう思うのか」 |
| | (3)その企画によって、テーマを与えた方(上司つまり会社、取引先など)にはどんなメリットがあるのか? | メリット:「どんなメリットがあるのか」 |
| 具体的要件 | (4)企画の実施にはどれぐらいの期間が必要か? | スケジュール:「いつまでにできるのか」 |
| | (5)企画の実施にはどれぐらいの予算が必要か? | 予算:「いくらかかるのか」 |

え見てもらえれば企画の内容が伝わるだろうという部分です。

そして、（4）と（5）は、企画を具体化するための「実施条件」です。この組み合わせで、「どんな企画なのか？　どうやって実現するのか？」が相手に理解されるのです。

**（1）概要「ひと言で言うと」**
**（2）背景「なぜそう思うのか」**
**（3）メリット「どんなメリットがあるのか」**
**（4）スケジュール「いつまでにできるのか」**
**（5）予算「いくらかかるのか」**

これを「A3ワンシート」に配置してみましょう。これが、筆者が愛用するフォーマットの原型です（ヨコ型でもよいです）。

たとえば、大きめの付箋紙5枚をA3ワンシートに貼り付けていくことをイメージしてください。実際にパソコン上ではなくて、付箋紙で作業したほうがイメージをつかみやすいという人も多いようです（筆者実施の研修などのゼミで感想を受けます）。左の図09のように貼り付けてみてください。これが、あなたの「A3ワンシート」の原型となります。

**図09　整理したものを「A3ワンシート」にまとめるフォーマット**

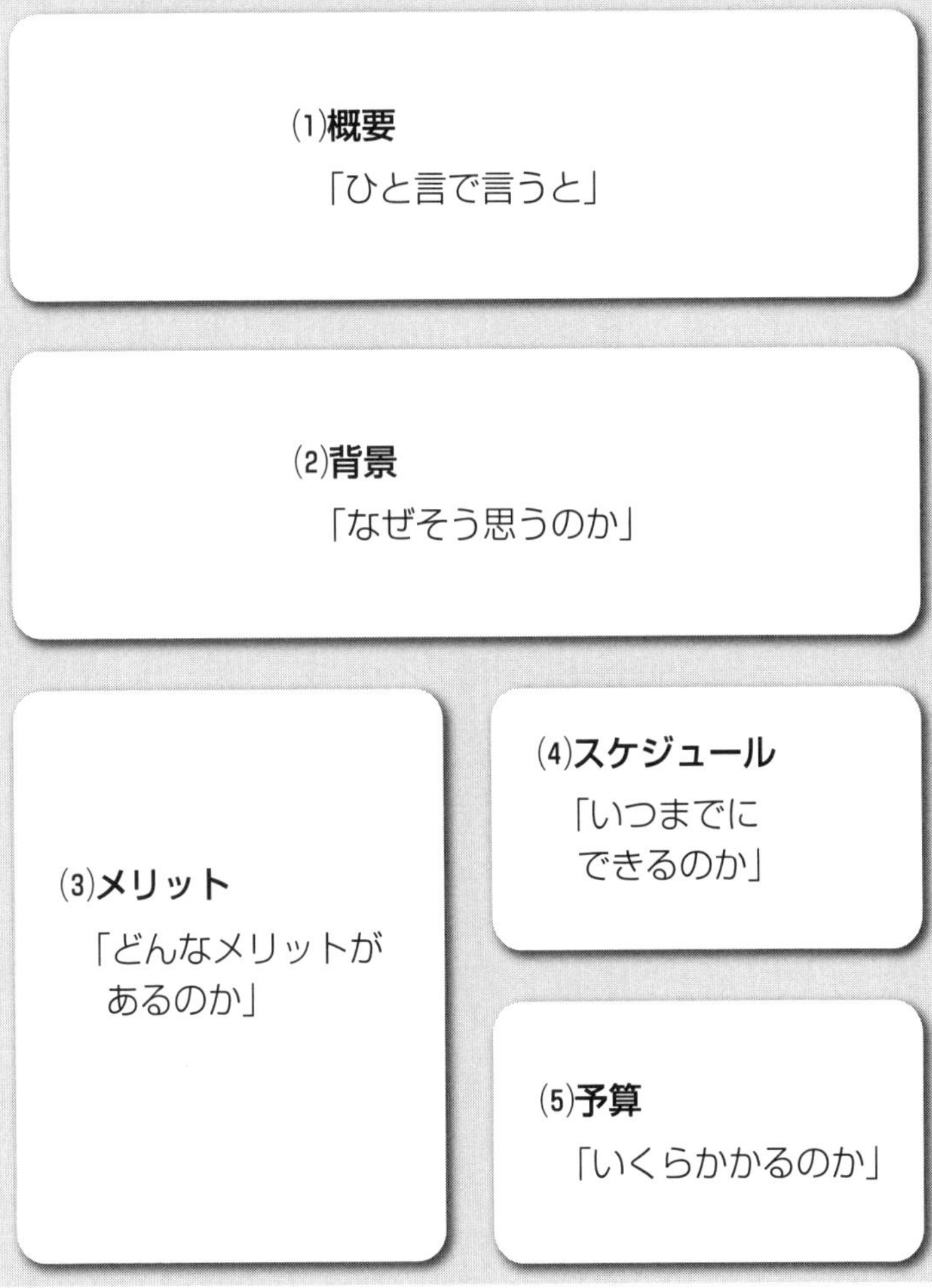

# 19 ワンシートにまとめる

## (2) さらにわかりやすいアウトプットへ

### ◆説明しやすいアウトプットへさらに加工してみる

前述のように、整理フォーマットの5つの要素をワンシートにまとめ直してみると、もはや、「人に見せてもよいアウトプット」になりつつあります。実際、筆者は時間がないときはこのまま相手に提案したりしています。

ここまでアウトプットとしてカタチが整ってきたのなら、もう少し要素を加えて、「A3ワンシートの企画書」のスタイルにしてみましょう。次のいちばん大事な要素たちはすでに配置されています。

**●企画の骨子**

**(1) 概要「ひと言で言うと」**

**(2) 背景「なぜそう思うのか」**

（3）メリット「どんなメリットがあるのか」

●企画実施の条件

（4）スケジュール「いつまでにできるのか」

（5）予算「いくらかかるのか」

これに加えるべき情報は、

●基本情報

・タイトル

・企画者の情報

企画の具体的実施内容

これらの要素を加えて、「A3ワンシート」に配置し直してみます。95ページの図10を参照してください。

このスタイルが、筆者がもっとも愛用し、おすすめするワンシートのフォーマットです。整理フォーマットが、しっかりしたアウトプットのカタチになりました。ほとんどの企画は、この1枚のフォーマットで相手に説明できるのではないかと思います。

提案を受けた方も、企画全体を俯瞰することができますので、スピード感豊かに判断が可能でしょう。

左の図10で、新たに大きく場所を取っているところが「企画の具体的実施内容」という要素です。ここは、乱暴な言い方をすれば、相手にわかりやすく伝えるために「何を入れてもよい」というブロックになります。図解を入れてもよいし、写真やイラストなどのビジュアルを入れてもよいでしょう。

並べ方は自由ですが、筆者は**「視線はZ（ゼット）」**と考えています。このような横書きの書類を見るとき、大方の人の視線は、**「左上から右下」**に、ゼット方向に動きます。そのため、説明の順番は「タイトル」一番左上からスタートして、最後に、右下の予算の所にたどりつくのです。

このフォーマットに必要事項が記入されて完成したとき、「企画A」ができた、といって差し支えないでしょう。

## ◆タイトルやキャッチコピーの作成

ここで、「タイトル・キャッチコピー」の記入について触れておきます。タイトルにつ

**図10　さらに項目を充実させた「A3ワンシート」にまとめるフォーマット**

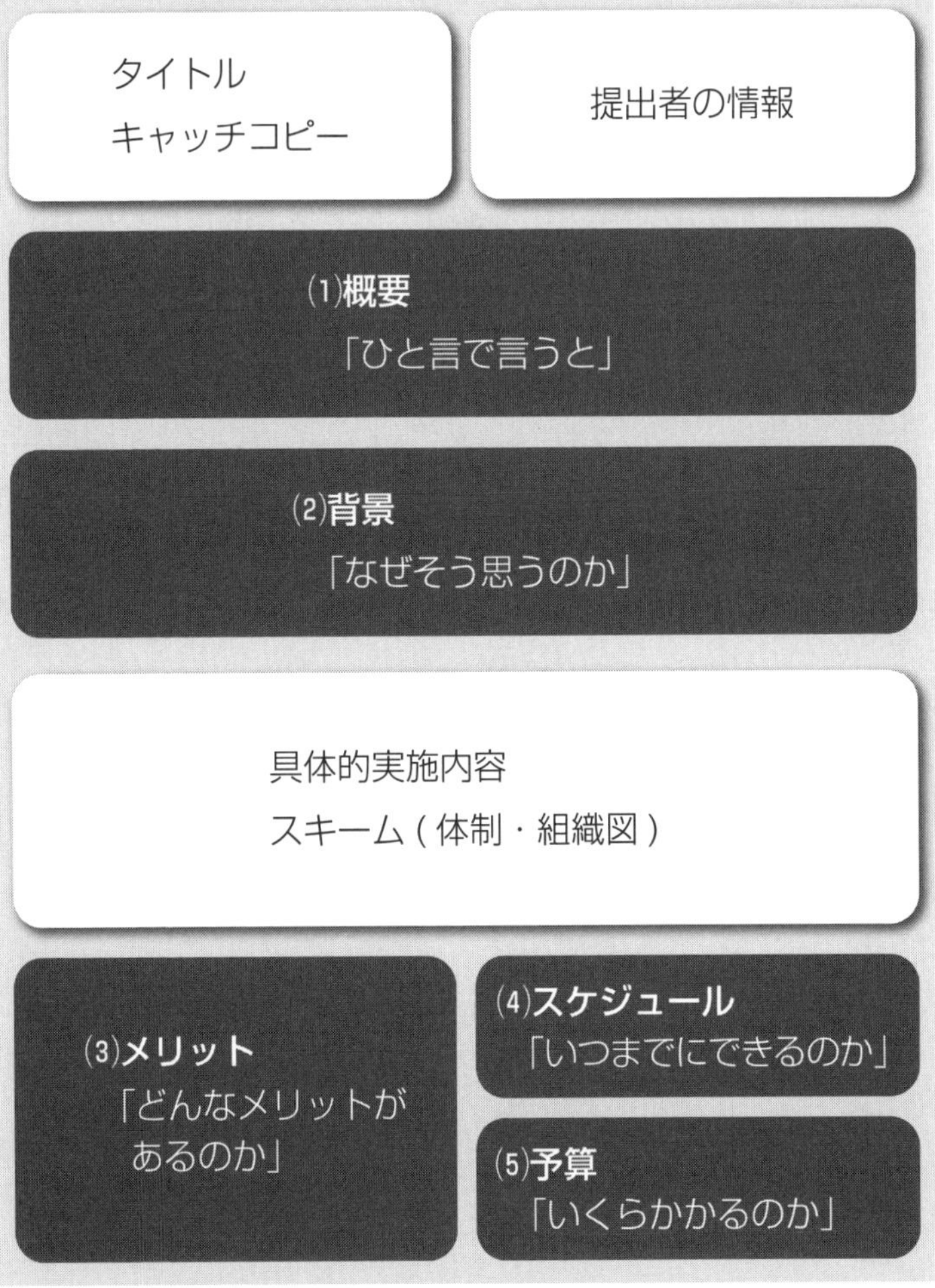

いては、指定されたものがあれば（「〇〇部新規商品開発」など提携先のもの）仕方ないですが、できるだけ、企画内容がイメージできるように考えます。

**例「販促企画の提案」**

これではちょっと、シンプルではありますが、芸がないような気がします。

**例「タブレット端末新埼玉市シェア獲得プラン」**

多少勢いが出てきました。しかし、これだけでは、まだ企画のイメージがすっとわいてきません。そこでキャッチコピーを考えてみます。

**例「デジタルシニアをエバンジェリストに育成！」**

少し具体的なイメージがわいてきますね。こういう「A3ワンシート」のアウトプットならまだいいのですが、パワーポイントによる複数ページの企画書では表紙が独立しています。そんな場合は、とくに表紙に魅力的なタイトルと、内容を補うキャッチコピーを配するようにしましょう。

### ◆「企画A」で終わりではいけない

ここまで苦労して考え、「A3ワンシート」の企画書を作成できた時点で、「企画を立てた！」と言えます。

ここで一応一区切りなのですが、これだけではいけません。果たして、本当にその企画で通るのでしょうか？　通ったとしても、その「企画A」で、ビジネスで勝てるのでしょうか？　もう一度シビアな眼でその「A3ワンシート」を見直す作業が必要です。そして、この「企画A」を**「企画A＋」**にブラッシュアップする必要があります。

しかしそのためには、何か具体的な企画例があったほうがよいと思いますので、ここまでのおさらいを含めて、筆者のダミー企画案をもとに、「自分仮説」から「企画A」の作成までを事例で説明していきましょう。

# 20 「企画のタネ」から「企画A」までの流れの事例

## (1)テーマを与えられて「自分仮説」を作るまで

### ◆実際に企画を考え、アウトプットにしてみよう

さて、ここまでの流れを具体的な事例でおさらいしてみたいと思います。筆者が、某IT企業の販促担当だとして、企画を考えるというストーリーにしてみました。ある日、上司から筆者にテーマが与えられました。

**●テーマ**

**首都圏の中核都市「新埼玉市」において、年末に発売する自社製品のタブレット端末「ナナ・パッド」の拡販を成功させるため、効果的な販促企画を考えること**

「困ったなあ、期限は今週いっぱいだぞ。強力なライバルのタブレット端末があるし、通り一遍の企画ではダメだな。いいアイデアが落ちてきてくれないものか」

もちろん、そんないいアイデアが落ちてくることはありません。そう考えた筆者は、本書のとおり、企画通過システムを働かせることにしました。まず、ストックを眺めていて、ある「企画のタネ」にたどりついたのです。

「新埼玉市は高齢者が多い地域と聞く。タブレット端末というとらえ方をせずにシニア向けのコミュニケーション・ツールとして定着させることはできないだろうか？」

ここでは、タブレット端末イコール若い人などの好むツールととらえずに、シニア向けのコミュニケーション・ツールと考えたことがポイントになるわけです。それから筆者のすることは？

グーグルドキュメントのスプレッドシートを開き、「企画のタネ」を書き入れるわけです。

**●企画のタネ（例）**

- **タブレット端末イコール若い人のターゲットではない**
- **タブレット端末はシニアにも操作しやすい**
- **タブレット端末はコミュニケーション端末になる**
- **これからのシニアは会社などでデジタル端末に触れた「デジタルシニア」**
- **「ナナ・パッド」はシニアのコミュニケーション・ツール！**

「うむ。何か、悪くないかもしれないな。それでも、もう少し書き入れてみよう。教育では？ 医療では？ 一般的に縁遠そうなものを考えていくとおもしろいかもしれないぞ」

筆者は、「企画のタネ」を「醸成ツール」を使って、いろんな角度から考えてみることにしました。ここで、醸成ツール（1）を利用してみます（左図11参照）。

いろいろ検討してみて、筆者はどうもこの流れを「自分仮説」にまとめてみてもいいかもしれないと決断しました。決断というと大げさかもしれませんが、ここで決めたことが、あとあと（形を変えたりするとしても）「企画A」に発展していくのです。

**●自分仮説（例）**

**「ナナ・パッド」はシニア向けのコミュニケーション・ツールとして好適であり、新埼玉市において同目的のプロモーションをおこない、その結果を分析して修正し、全国に展開する。**

このような「自分仮説」を考えてみましたが、それをもっと醸成して「冴えた自分仮説」にしなくてはいけません。そこで次に、「自分仮説」の醸成ツール（2）を使いましょう。

▶醸成ツール（1）を使い「企画のタネ」を広げたり、加工したりしてみよう。

## 図11 醸成ツール（1）「企画のタネ」にマッチングするものがあった場合

| | | |
|---|---|---|
| テーマ | 首都圏の中核都市、「新埼玉市」において、年末に発売する自社製品のタブレット端末「ナナ・パッド」の拡販を成功させるため、効果的な販促企画を考えること | |
| 「企画のタネ」 | 「ナナ·パッド」はシニアのコミュニケーション·ツール | |
| | 案1 | 案2 |
| ①使い道を変えてみたら | 行政からの「電子回覧板」 | 病院での待ち時間に健康知識を身につける? |
| ②真似してみたら | 電子書籍リーダー | テレビ電話·スカイプ |
| ③形を変えてみたら | シニア用に軽く·薄く | 防水·堅牢 |
| ④大きくしてみたら | デジタル·サイネージ | スマートテレビ? |
| ⑤縮小してみたら | カンタンに使えるスマホ | ゲーム機·ぼけ防止? |
| ⑥他のもので代用してみたら | スマートフォン | 薄型テレビ? |
| ⑦置き換え、入れ替えしてみたら | 機能を制限·アプリのダウンロードを禁止? | 他社製品との互換性をとる |
| ⑧逆に考えてみたら | シニアには行政からタダで、格安で配布してもらう | シニアが複数台購入して子供や孫に配る |
| ⑨何かと結合してみたら | コンビニで印刷可能にして電子申請ツールに | 自動車と結合してナビに |

**自分仮説**

「ナナ·パッド」はシニア向けのコミュニケーション·ツールとして好適であり、新埼玉市において同目的のプロモーションを行い、その結果を分析して修正し、全国に展開する。

# 21 「企画のタネ」から「企画A」までの流れの事例

## (2)「自分仮説」を醸成して「企画A」にまとめる

### ◆「自分仮説」醸成ツールを使う

こうして考えていくと、差別化ポイントが弱いんじゃないか、という気がしてきました。「これではとても冴えた仮説とは言えないなあ。そうだ。逆に機能を絞り込んで、これだけしか使えないというタブレット端末にしたらどうだろう。多機能端末ではなく限定機能端末じゃないか。そういう単機能のシニア向け携帯電話が売れているというデータもある」「自分仮説」を考え抜いた結果、新たに差別化ポイントを考えて、「冴えた自分仮説」としてみました（左図12参照）。

●冴えた自分仮説（例）

シニア向けのコミュニケーション・ツールとして「3つの機能だけのナナ・パッド」を新埼玉市に投入しプロモーションをおこなう。

▶差別化ポイントがイマイチだと感じたので、新たなポイントを加えて「冴えた自分仮説」を作成。

## 図12　醸成ツール（2）「自分仮説」にマッチングするものがあった場合

| | | |
|---|---|---|
| テーマ | 首都圏の中核都市、「新埼玉市」において、年末に発売する自社製品のタブレット端末「ナナ・パッド」の拡販を成功させるため、効果的な販促企画を考えること | |
| 「自分仮説」 | 「ナナ・パッド」はシニア向けのコミュニケーション・ツールとして好適であり、新埼玉市において同目的のプロモーションを行い、その結果を分析して修正し、全国に展開する。 | |
| 切り口 | 目的は? | 新埼玉市での「ナナ・パッド」の拡販 |
| | ターゲットは? | シニア層 |
| | 解決したいことは? | 新埼玉市でライバル社の製品に勝ち、首都圏全体にその戦略を活用すること |
| | 類似のものは? | シニア向け携帯電話「イージーフォン」 |
| | 差別化ポイントは? | シニアに受け入れられやすいコンテンツと操作方法の提案<br>**差別化ポイントが弱い!** |

**冴えた仮説**
「３つの機能」に絞ったタブレット端末であるナナ・パッドはシニア向けのコミュニケーション・ツールとして好適のはず！「新埼玉市に投入しプロモーションを行う。

## ◆「企画A」整理フォーマットを使う

さて、この「冴えた自分仮説」を「企画A」にしたいと思います。

ここは、前述の整理フォーマットを活用しましょう。「整理」には、「具体的要件」を考える必要があります。ここでは頭を働かせなければいけません。しかし、あまり詳細に具体的要件を詰める必要はありません。ある程度具体的ではあるけれど、細かく詰めすぎず、ササッと書き込むというイメージがいいと思います（左図13参照）。

## ◆「A3ワンシート」に落とし込んでみる

ここまで整理されて、どうやら「企画A」と言ってもいいんじゃないか、という雰囲気になってきました。整理フォーマットに要素を加えて、「A3ワンシート」の企画にまとめてみましょう。ここで時間をかけるべきは、「具体的内容・スキーム」の部分です。ここはフローチャートなど図解を活用するといいでしょう。さて、ここまでいったんダミーの事例をもとに「企画A」のアウトプットまで作成することができました（106ページの図14参照）。この「A3ワンシート」が「企画A」だとしたら、これを**「企画A＋」にブラッシュアップ**する具体的な方法を次項で説明します。

▶整理フォーマットを使い、「企画A」に向けて整理する。

## 図13　「企画A」整理フォーマットの意味

| | | |
|---|---|---|
| テーマ | 首都圏の中核都市、「新埼玉市」において、年末に発売する自社製品のタブレット端末「ナナ・パッド」の拡販を成功させるため、効果的な販促企画を考えること | |
| 企画の骨子 | (1)ひと言で言うとどんな企画なのか? | 新埼玉市のシニア向けのコミュニケーション・ツールとして、「３つの機能しかないナナ・パッド」を展開する。 |
| 企画の骨子 | (2)どうしてその企画がいいと思うのか? | 新埼玉市はデジタル製品に近いシニア世代が多いうえ、機能限定のタブレット端末を投入することによって、競合商品との差別化を明確に行えるから。 |
| 企画の骨子 | (3)その企画によって、テーマを与えた方(上司つまり会社、取引先など)にはどんなメリットがあるのか? | 金銭的に余裕のあるシニア世代を中心に展開することにより、家族同士のコミュニケーション・ツールとして拡販が可能。結果、競合会社に大きな差をつけることが可能。 |
| 具体的要件 | (4)企画の実施にはどれぐらいの期間が必要か? | • 仕様のカスタマイズ　３カ月<br>• 平行して販促ツールの作成に３カ月<br>• 上記完了後、新埼玉市キーマンへの説明に3カ月　合計6カ月 |
| 具体的要件 | (5)企画の実施にはどれぐらいの予算が必要か? | ●●千円 |

▶「A3ワンシート」に落とし込んでみる。
どうやら「企画A」のアウトプットができたようだ。

## 図14　A3ワンシート完成図

「ナナ・パッド」新埼玉市エリア
シニア世代プロモーション企画

平成24年1月11日
販促企画部　藤木俊明

**⑴概要**

「ナナ・パッド」をシニア世代向けにチューニングし、新埼玉市のシニア世代向けにプロモーションを展開する。

**⑵背景**

新埼玉市は情報リテラシーの高いシニア世代が多いうえ、競合商品と明確に差別化できる。

**⑶メリット**

- 金銭的に余裕のあるシニア世代を中心に展開することにより、家族同士のコミュニケーション・ツールとして拡販が可能。
- 結果、競合会社に大きな差をつけることが可能。

**⑷スケジュール**

- 仕様のカスタマイズ　3カ月
- 平行して販促ツールの作成に3カ月
- 上記完了後、新埼玉市キーマンへの説明に3カ月　合計6カ月

**⑸予算**

●●千円

# 第4章

# 「企画A」を「企画A+」にする

## ～企画ブラッシュアップ編

# 22 「企画A」を「企画A+」にするポイント

## (1)「大局観」

### ◆「企画A」のままではどうしてダメなのか?

「企画のタネ」を集めて、そこから「自分仮説」を作って貯めておき、テーマが与えられたので、一所懸命「企画A」に仕上げました。なのに、また、ここから頭をひねらなくてはならないなんて……。「自分は専門のプランナーでもないので、もうこれぐらいでいいじゃないですか」と言われるかもしれません。しかし、ここで足を止めてはダメなのです。

というのは、皆さんは、ビジネスのために企画を考えているはずです。つまり、企画を考えることが最終目的ではなくて、ビジネスの成功のために企画を役立てることが目的ですね。しかし、ビジネスというものは生き物で、一瞬のうちに状況が変わってしまいます。昨日考えた企画が今日には陳腐化しているかもしれません。あなたが「冴えた自分仮説」だと思っていたものが、もう他の誰かが具現化しているかもしれません。

筆者も、「自分が考えるような企画Aは、たぶん他の人も、もう気がついているはず」

という前提で仕事をしています。

ですので、「企画A」を「企画A＋」にブラッシュアップする努力をギリギリまでおこなうべきです。そのポイントを2つ挙げます。

**(1)大局観（社会の潮流）**
**(2)ビジネス力学**

## ◆(1)大局観（社会の潮流）～「企画A」を「大局観」を持って見直す

先ほど述べたように、あなたはここまでいろんな考えを経て「企画A」を作成するところにたどり着きました。「企画A」をイチから見直したり、すべてぶち壊しにしたりして考え直すということではありません（そうしたほうがいいような気分になるときもあるでしょうが、それではビジネスに間に合いませんね）。

まず「大局観」を持って見直すという作業に入ります。大局観とは、将棋や碁の世界で使われる言葉で、部分的な局面ではなく、全体の局面を見渡し、戦況を検討して判断することです。

転じて、あなたが作った「企画A」を俯瞰してみましょう。もっと大きな視点を持って「社会的な潮流」を眺めてみます。たとえば、次のようなポイントで「俯瞰して」みてください。

●大きな問題

・大きな課題（例　災害復興、少子高齢化、人口減少、過疎化、社会保障費の増大、円高対策など）
・大きなできごと（例　科学技術における新発見、大災害など）
・行政（例　新しい法律・条例、公的助成、雇用問題など）
・国際（国際紛争、新興国、国際条約の締結など）
・環境（環境関連技術、新エネルギー、国際的取り組みや条約など）
・地域（活動・居住地域に関することなど）

●ビジネスの潮流

・技術革新、イノベーションなど
・貿易、為替など国外との関係など
・法的規制あるいは規制の緩和など

●一般的なトレンド

・スポーツ、映画、音楽、演劇、その他人気コンテンツなど
・書籍、メディアなど

・ファッション、健康など
・天候、気候、社会的風習、季節の風物詩など
・新たなビジネス理論など
・キーマンの動向や発言、著作など
・巨大企業の動向やリリース、発表など

一見、関係ないように見えるできごとが、あなたが作って提案しようとしている企画に影響を与えていることはないでしょうか？　そうすると、本書の最初のほうに戻ってしまいますが、インプットを拾い集めることの大切さがわかると思います。

関係ないように見えるインプットも、できるだけ、拾い集めておいて、感じ取るようにしておくという習慣づけがとても大切になります。

# 23 「企画A」を「企画A＋」にするポイント

## （2）ビジネス力学

### ◆（2）ビジネス力学～企画を受け取るのは「人」

もう一つのポイントは「ビジネス力学」。ちょっと不思議なポイントに見えるかもしれません。このポイントは、企画の良し悪しより、その企画が、「どういう受け取られ方をするか」という、ある意味「大人の視点」で俯瞰することに重点を置きます。

もちろん、あなたの考えた「冴えた自分仮説」がそのまま「冴えた企画」として受け止められ、企画が通れば言うことはありません。しかし、「誰が見てもすばらしい文句のつけようのない斬新な企画」なんてものがそうそう作れるわけではありません。その企画の採否を決めるのは「人」であって、その「人」にはいろんなタイプがいて、いろんな思惑があります。立場が違えば、意見も変わります。そんな「ビジネス力学」を考えて「企画A」を「企画A＋」にブラッシュアップする必要があるのです。

「なんだか、せこいなあ」と思われる方は、次の章に進んでいただいてもかまいません。

でも、たとえばあなたがプロ野球選手で、打者だったとします。

「思い切り自分のスイングができたら空振りして三振でも構わない。だから、相手の投手のことなど考える必要はない」

と、思うか、それとも、

「できるだけ相手の投手の情報を知って、なんとか空振り三振は避けたい。ボールに当たりさえすれば、ひょっとしてヒットになる可能性があるかもしれない」

と思うか、それは自分の生き方というものです。筆者は、ビジネスの現場で長く戦っていくなら、後者であるべきだと考えるものです。

## ◆ビジネス力学のチェックポイント

さて、あなたが企画を考えるとき、テーマを出す相手は誰でしょうか？　そして、その組織はどういうものでしょうか？　それらを考えるために、チェックシートを作成してみました（115ページ図15参照）。

これはあくまでも筆者が勝手にステイクホルダー（関係者）を分類したものですが、いろんな方に提案していると、「タイプ」は、こういった特質に分類されると思いました。「メリット」は、それぞれのステイクホルダーが、どういったことにメリットを感じるかを分類してみたものです。参考にしていただければと思います。

使い方としては、あなたに企画のテーマを与えた人、そして、その企画が流れていく先を考えて、関係するところを○で囲みます。たとえば「上司」と「経営陣」といえば、社内プレゼンですね。そうすると、次は、上司の「タイプ」の所を自己判断して記入します。

続いて、上司はどういったことを重視するのかを考えて記入します。

次いで、経営陣のところも、同じように書き込んでいきます。それぞれ複数の相手がいるときはキーマンだけでいいでしょう。例のように書き込むと、上司は手堅くて、合理的なものを望み、その上の経営陣は、おもしろいものを求めるし、全体を見せてほしい、といったタイプではないかと考えられます。さて、この2人を「企画A」のままで満足させられるでしょうか？　このシートを見ながら考えてほしいのです。

▶上司と経営陣にどうバランスを取って企画を修正すべきか考える。

**図15　ビジネス力学を考えるためのチェックシート例**

| | タイプ<br>①合理性重視<br>②見た目重視<br>③感動重視<br>④俯瞰全体重視 | メリット<br>①売り上げ重視<br>②ブランド重視<br>③実績重視<br>④斬新さ重視 |
|---|---|---|
| 上司 | ①合理性重視 | ①売り上げ重視 |
| 経営陣 | ④俯瞰全体重視 | ④斬新さ重視 |
| 取引先 | | |
| 株主・投資家 | | |
| その他（　　　） | | |

企画通過ツールダウンロード用URL
http://www.nana-cc.com/planpassage/planpassagetool.zip
または「ガーデンシティ・プランニング　藤木俊明」で検索

# 24 「企画A＋」へのブラッシュアップ事例

## ◆事例の「企画A」を「企画A＋」に発展させてみる

さて、「大局観」と「ビジネス力学」を加味して、事例としてご紹介した「ナナ・パッド」についての「企画A」をもう一度検討してみます（左図16参照）。

そうすると、筆者が担当者だとすると、次の点に気がつきました。

### ●大局観からみて

・ターゲットを絞り込みすぎていて、もう少し社会全体のためになるような企画にブラッシュアップすべきではないか？

・「街おこし」というキーワードを使えないか？

### ●ビジネス力学からみて

・もう少し、感動できる企画の訴え方をしないと、経営陣の関心を得ることはできないのではないか？

・ビジネスのスケールも大きくし、しかも売り上げが見込めるような要素を感じられない

## 図16　「企画A」を再検討してみる

「ナナ・パッド」新埼玉市エリア
シニア世代プロモーション企画

平成24年1月11日
販促企画部　藤木俊明

**(1)概要**

「ナナ・パッド」をシニア世代向けにチューニングし、新埼玉市のシニア世代向けにプロモーションを展開する。

**(2)背景**

新埼玉市は情報リテラシーの高いシニア世代が多いうえ、競合商品と明確に差別化できる。

**(3)メリット**

- 金銭的に余裕のあるシニア世代を中心に展開することにより、家族同士のコミュニケーション・ツールとして拡販が可能。
- 結果、競合会社に大きな差をつけることが可能。

**(4)スケジュール**

- 仕様のカスタマイズ　3カ月
- 平行して販促ツールの作成に3カ月
- 上記完了後、新埼玉市キーマンへの説明に3カ月　合計6カ月

**(5)予算**

●●千円

3つの機能しかないナナ・パッド

シニア世代

コミュニケーション・ツール

同じシニア世代

家族

地域・行政

といけないのではないか？

そこで筆者は、次のような要素を組み入れることにしました。

**■追加要素**

**この新埼玉市でのナナ・パッド展開モデルは、シニアへのアプローチからスタートさせて「街おこし」として「新埼玉モデル」として、全国の同様の悩みを持つ市町村に提供するところまで発展させる。**

「この要素を加えることによって、単なる販促モデルではなく、エリア自体の振興という目的を持たせられるんじゃないかな？　しかも、モデルとして全国に展開するとなると、そういうことが大好きな取締役が乗ってくるんじゃないかな？」

などと筆者は考えます。そこでブラッシュアップして「企画A＋」としたものが左の図17です。

どうでしょうか。当初「シニア向けのプロモーション」というところで終わってしまっていた「企画A」が、わずかなことで「企画A＋」にブラッシュアップされた感じがします。ここに至って、ようやく、企画のアウトプットができたと言えるでしょう。

## 図17 「企画A」を「企画A+」にブラッシュアップする

「ナナ・パッド」新埼玉市エリア
シニア世代向けプロモーション企画

平成 24 年 1 月 11 日
販促企画部 藤木俊明

**⑴概要**

「ナナ・パッド」をシニア世代向けにチューニングし、新埼玉市のシニア世代向けにプロモーションを展開する。
**さらに、本プロジェクトを「新埼玉市モデル」として街おこし材料として全国に展開する。**

**⑵背景**

新埼玉市は情報リテラシーの高いシニア世代が多いうえ、競合商品と明確に差別化できる。

**⑶メリット**

- 金銭的に余裕のあるシニア世代を中心に展開することにより、家族同士のコミュニケーション・ツールとして拡販が可能。
- 結果、競合会社に大きな差をつけることが可能。

**⑷スケジュール**

- 仕様のカスタマイズ　3カ月
- 平行して販促ツールの作成に３カ月
- 上記完了後、新埼玉市キーマンへの説明に３カ月　合計６カ月

**⑸予算**

●●千円

# 25 「企画A+」だけではなく「企画B」も作っておく

## ◆「企画A+」にブラッシュアップする際に、新たな企画がわき出ることも

「企画A+」にブラッシュアップする作業は、苦しくもありますが、思わぬひらめきを生むことがあります。つまり、「まったく別の考え方があるんじゃないか?」という考えが浮かぶこともあるのです。

本当は、ここに至るまでに「自分仮説」を醸成したり、それを整理したりしている時点で気がつけばいいのですが、こうして「企画A」のフォーマットにまとまってから別の考えに気づくこともあります。それは、「企画A」からだいぶカタチを変えてしまって、「企画A+」というより、まったく別の「企画B」として成立させたほうがいいのではないか、という気づきです。

結論から述べますと、それは大変いいことです。あなたはビジネスに生きるのであって、企画評論家になったり、企画コンテストで優勝したりということが目的ではないのです。

提案するときにも、「企画A+」を提案したあとで「実はまったく違う視点でもう一つ

企画があるのですが……」と言えば、「それも見せてくれ」という声がかかるでしょう。そうして、両方評価・検討してもらえればいいのです。結果的に「企画B」が採用されて、それがあなたの会社の役に立てばそんなに素晴らしいことはありません。

『プランB　破壊的イノベーションの戦略』（ジョン・マリンズ、ランディ・コミサー著　山形浩生　訳　文藝春秋）という書籍に詳しいのですが、グーグル、アマゾンなど、現在業界のトップランナーである世界企業でも、最初描いていたビジネスモデルのプランAではなくて、プランBが実は収益を生むカギであったと述べられています。つまり、最初のプランに固執するのでなく、別の案も試してみる価値はあるのです。筆者の周囲でも、起業したときのビジネスモデルではない業務で収益を上げている会社が少なくありません。

ですから、「企画B」も捨ててしまわずに、「A3ワンシート」に残しておくべきでしょう。

## ◆事例の「企画A」を「企画B」として変えてみる

本事例では、ナナ・パッドという商品の販促について、最初は新埼玉市というエリアのシニアに絞って検討して「企画A」にしてみました。しかし、もうひとつおもしろくないということで、「3つの機能しかないナナ・パッド」という切り口を考えました。

その思考の過程で、こんなことを思いつきました。

「機能限定のナナ・パッドというのはまあいいだろうけれど、果たしてシニアだけに絞っていいのだろうか？　意外と「学校」という場に目を向けてみたらどうだろう？　そうだ。学校向けに機能を限定したナナ・パッドの販売促進というのはどうかな？」

こうなると、すでに、「企画A」ではなくて、別の企画です。ただし、これをゴミ箱に捨てるのはもったいない。筆者は、別に「A3ワンシート」を作ることにしました。こうして「企画B」ができたのです（左図18参照）。実際は「企画A＋」を提案することになりますが、それがうまくいかなかったときは、「実はもう一つ視点を変えた企画があるのですがよろしいでしょうか？」といって取り出せばよいのです。

もちろん、「企画A＋」が提案として通ったときには、大事に「企画B」をとっておくもよし、「企画A＋」を実際に実施するときに、「実はこういう考え方もあったんです」といって提示してもよいでしょう。何かしら役に立つはずです。

さて、こうして、「企画A」をブラッシュアップするのが「企画通過システム」の後半の作業といえます。125ページの図19にフローにしてみましたので、ご参照ください。

おさらいになりますが、「企画A」というアウトプットがいったんできます。しかし、そこで満足したり、妥協したりせずに「企画A＋」にブラッシュアップを試みましょう。

## 図18　「企画A」の他に「企画B」も残しておく

「ナナ・パッド」新埼玉市エリア
学校向けプロモーション企画

平成 24 年 1 月 11 日
販促企画部　藤木俊明

**(1)概要**

「ナナ・パッド」を学校教育仕様にチューニングし、新埼玉市の教育機関にプロモーションを展開する。

**(2)背景**

学校教育では「電子黒板」などの導入が進んでおり、タブレット端末と連携は面白い。

タブレット端末では英語や化学など、動画や音声情報を活用することができる。

**(3)メリット**

- 学校教育というクローズドな市場に食い込めれば、結果、競合会社に大きな差をつけることが可能。

**(4)スケジュール**

- 仕様のカスタマイズ　３カ月
- 平行して販促ツールの作成に３カ月
- 上記完了後、新埼玉市キーマンへの説明に３カ月　合計６カ月

**(5)予算**

●●千円

**学校教育仕様
ナナ・パッド**

電子黒板

電子教科書

学校との
連絡ツール

↓

通信教育
在宅教育

そのブラッシュアップについて、「大局観（社会の潮流）」、つまり、ぐっと高いところから見たり、ひいてみたりして、果たして今の時期にこれはどうなのか考えます。そして、ぐっと現実的に「ビジネス力学」、具体的な会社の問題や、人の好き嫌いなどを加味してブラッシュアップしていきます。

そうして「企画A＋」になったものを、アウトプットとしてふたたび加工します。その途中生まれた企画は「企画B」として保持しておき、場合によっては両方提示しましょう。

▶「大局観」と「ビジネス力学」を考えながら「企画 A」をブラッシュアップしていく

**図19　「企画通過システム」後半のフロー図**

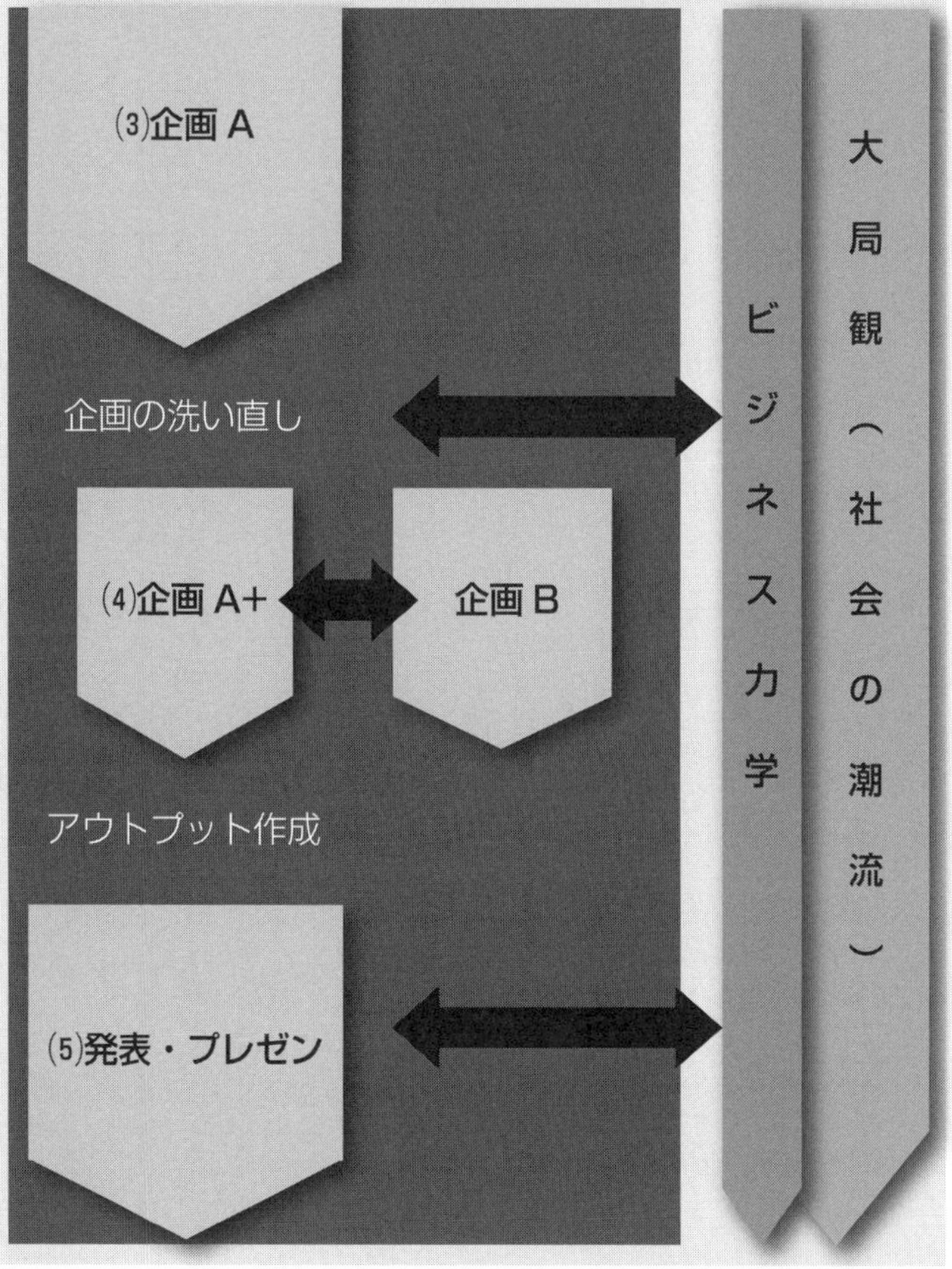

# 26 ワンシートから標準的パワーポイントでのアウトプットへ

## ◆ワンシートではなく、パワーポイントで発表するときには

「企画A」ができ、「企画A+」そして「企画B」の「A3ワンシート」のアウトプットができました。

この「A3ワンシート」の企画ができたら、筆者などはもうこのまま提案してもよいのではないかと考えますが、**「標準的なパワーポイントの企画書」**を作らなくてはならない、といったこともあるでしょう。しかし、ご心配なく。この「A3ワンシート」を分解して複数のスライドに直すだけですから、ほとんど時間はかかりません。

まずは130ページのマトリクス（図20）をご覧ください。急に複雑になったように見えますが、「背景」や「概要」などを、それぞれスライド1ページに振り分けているだけのことです。「具体的方策」のところは、必要があれば数枚のスライドに分けてもよいでしょう。

ところで、一番の「企画書らしい部分」と言えば、「まえがき」ではないかと思います。これは飛ばしてもよいのですが、こういう複数スライドの企画書で説明するときは、「まえがき」が「全体の要約」の役目を果たしますし、いちばん注目されるところなので、筆者は必ず入れるようにしています。

基本的な「まえがき」の内容についてご説明します。

「まえがき」は、提案するときのことを思い浮かべて、全体の内容を凝縮したエッセンスでなくてはいけません。「概要」や、相手の「メリット（想定効果）」とリンクしていないと話の一貫性がなくなります。そこに配慮しつつ、ある程度主観的に自分の気持ちを入れてもいいと思います。自分の体験談的にまとめてもいいでしょう。

例「ある日自分は通勤時に高校生がタブレット端末で勉強しているシーンを見てひらめいたことがあります……」などと、相手の興味をひくように作りましょう。

## ◆「課題」や「おわりに」もつけておく

さらに、補足しますと、P11の「課題」は、この企画を実施するために、課題となりそうな要件を述べておくものです。とくに、法的規制など、クリアしなくてはいけないものは、ここで述べておくといいでしょう。

また、企画自体が、天候や自然災害、自分の予測不能なものに影響を受けるときは（そもそも、あまり予測不能な要素が加わるのは問題ですが）、「その場合はこういう問題が起きる」などリスクも提示しておきます。

P12の「おわりに」は、企画に携わったメンバーの紹介をしたり、連絡先を記載したりするものです。このP11〜12は省いてもかまいません。

このマトリクス図を見ていただければおわかりのように、単に「A3ワンシート」の企画を分解しただけです。つまり、「A3ワンシート」さえできていれば、標準的なパワーポイントのスライドに加工するのは容易なことです。

このマトリクスでは全体を12枚のスライドで構成しています。筆者は、プレゼンの際、「紙での説明」はもちろん、「プロジェクターによる説明」でも、10枚そこそこが適量だと考えています。

この中で、「まえがき」、「課題」「おわりに」などは省略してもかまいません。「スケジュール」と「予算」は、同じクロージング目的で使うスライドなので、1枚のスライドに両方まとめてもいいでしょう。

要は「分厚い企画書」にならないようコンパクトにまとめることです。「予算」で、エクセルの詳細な見積もりを示したい、「背景」で詳細な調査データを示したい、などの場合は「別紙資料」にすればいいでしょう。

長いプレゼンテーションは、本当に聞き手が苦痛なものです。いいところ15分ぐらいで説明を終えるべきでしょう。そうすると、スライド1枚につき、1分説明すると10分そこそこでいいわけです。多少詳しく述べるところがあっても、全体で15分ぐらいに収めたいものです。

## 図20 「A3ワンシート企画」を分解したマトリクス図

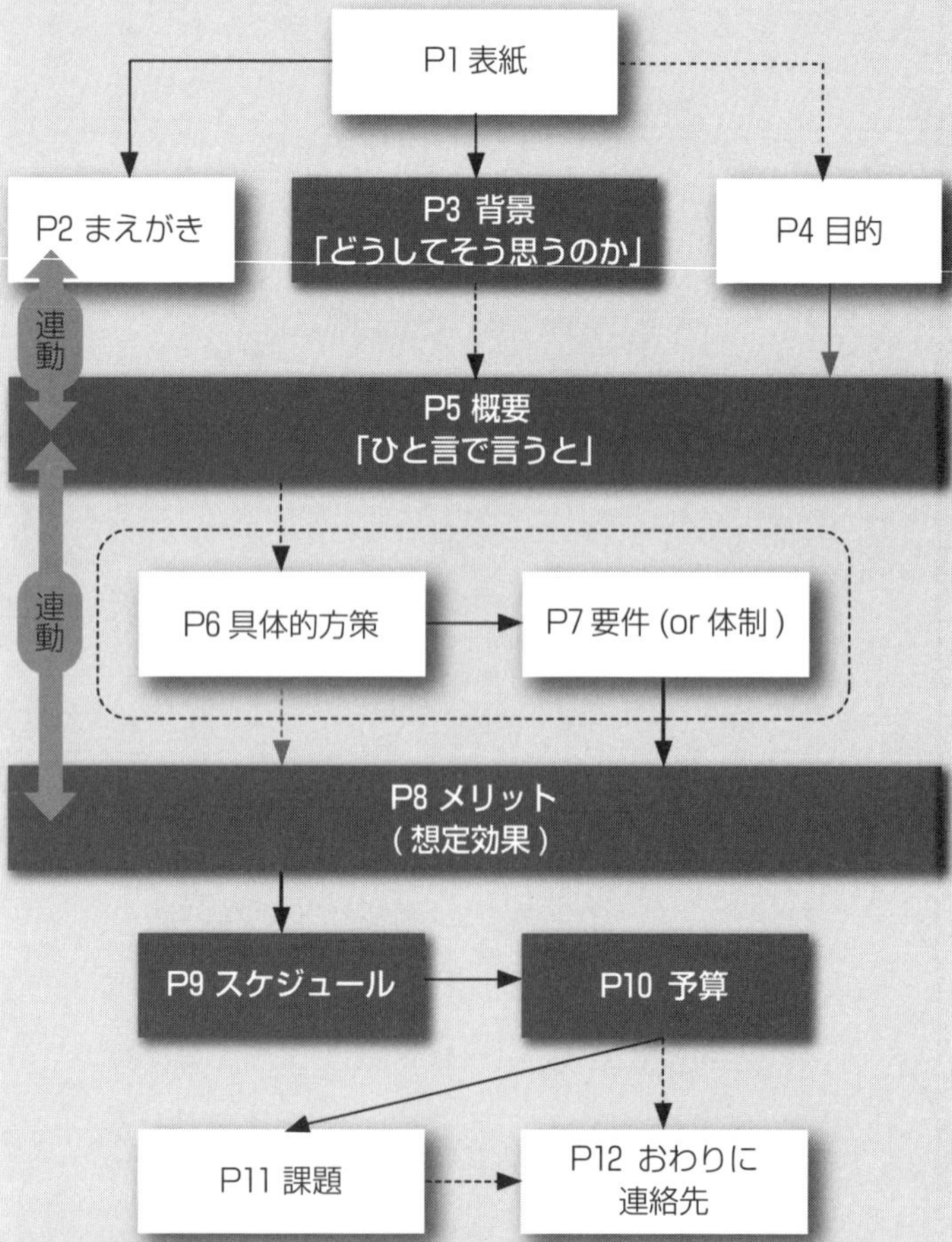


企画通過ツールダウンロード用URL
http://www.nana-cc.com/planpassage/planpassagetool.zip
または「ガーデンシティ・プランニング　藤木俊明」で検索

# 第5章

# 「通る企画のアウトプット」を作るためのヒント

# 27 「A3ワンシート」＋静止画ムービーという必殺合わせ技

## ◆企画のアウトプットは、通らないと意味がない

ここまでは、企画を考え、広げ、まとめ、アウトプットを作るところまで述べてきました。「A3ワンシート」のアウトプットが手元にできれば、それを発表、提案することになります。

しかし、そうしてできたせっかくのアウトプット、通したいものです。もちろん、通すためにここまで一所懸命頭を使ってきたのですが、その「見せ方」によって、通らなかったりしたら、大変もったいないことです。もちろん、「通る」「通らない」は、自分が決めることではないので、どんなによくできた企画だと思っても、落ちてしまうこともあります。であれば、「見せ方」にも工夫を凝らすべきでしょう。この章では企画そのものより、そのアウトプットの仕方について述べさせていただこうと考えます。

## ◆アウトプットをサポートする「ビジュアル」

まず、「企画A＋」がまとめられた「A3ワンシート」。これがすべてのアウトプットの

基本です。それを標準的なパワーポイントでのアウトプット、複数スライドに展開する方法は前章に述べました。

しかし、筆者は、「企画A＋」に育った「A3ワンシート」をそのまま見せるのがよいと考えます。それをサポートするためのツールとして静止画ムービーをおすすめします。

たとえば、企画の中で、「ターゲットとなる消費者のこんなシーンを見せたい」と考えたとします。それはもちろん、文章で書くことになるわけですが、それでは、提案する相手に伝わりにくいと感じます。とくに、上司や自社の経営陣など、意識やイメージを共有しやすい相手ならともかく、投資家や取引先などには、なかなか言葉だけでは伝わらない場合があります。

まずは、「写真」です。「困ったら写真」と、筆者はいつも言っていますが、「A3ワンシート」だけでなく、自分が撮り集めた、または資料として収集した、企画の理解を助けると思われる写真をたくさんプリントアウトして、1枚のボードに貼り付けます。大きな文房具屋さんなどで販売している、糊のついたブラックボードがいいでしょう。そこに、写真をどんどん並べておき、「A3ワンシート」と一緒に、提案相手に見せると効果的です。

もし、イラストが得意な人なら、イラストにしてもかまいませんし、パースのようにして見せるとかなり効果的です。

## ◆「静止画ムービー」というアウトプット

写真を、そうやって見せるだけでなく、「ショートムービー（映画）」のように見せられると、さらに効果的でしょう。しかしショートムービーを作るとなると、多少のスキルが必要ですし、音楽はどうする、音声はどうするなど、手間がかかって気が重くなってしまいます。そのとき便利なのが「静止画ムービー」です。これは筆者がそう呼んでいるだけで、各ソフトウェアメーカーからいろんな種類のソフトが出ていますが、要するに、写真を映画のように加工・演出してくれるソフトです。結婚式の披露宴などで、使われることが多いのではないかと思います。

静止画ムービーでは、どのメーカーのソフトも、おおむねデジカメで撮った写真データを、そのまま自動的に映画のように加工してくれるものです。難しそうに見えるかもしれませんが、「やわらかい雰囲気」のように、曖昧に指示をしても、自動的にそれにあった演出をしてくれますし、音楽などもだいたい準備されています。また、テロップなどの文字も入れられます。

ちなみに、筆者が利用させていただいているのは、次のようなものです（これらは有料です。しかし、ＭａｃやＷｉｎｄｏｗｓの付属機能でも近いものができるかもしれません）。

- LiFE*with PhotoCinema 3（デジタルステージ）
http://www.digitalstage.jp/life/
- デジカメ de!! ムービーシアター 3（エプソン）
http://ai2you.com/imaging/products/dcmt3/index.html

両方とも、デジカメの写真（携帯電話で撮ったようなものでも大丈夫です）さえあれば、筆者でも15分ぐらいで、それなりのイメージができあがります。

もちろん、動画の制作や編集が得意な方は、そのまま動画を作ればいいでしょう。ただし、静止画ムービーにしても、動画にしても、あまり長いと逆効果です。45秒から長くても1分30秒ぐらいに収めるといいでしょう。

# 28 アウトプットを助ける便利なサービスやツール

## ◆企画作業にもアウトプットにも便利なマインドマップ

前章までは紹介しませんでしたが、企画を醸成するのに便利なツールにマインドマップがあります。マインドマップを紹介する書籍も数多く発売されているので、皆さんも一度はご覧になったことがあるかもしれません。おさらいのために説明しますと、マインドマップとは概念やキーワードを中心において、連想される事項を放射状に並べていくことにより、企画の醸成や問題解決などに必要となる思考の働きを助けるものとして注目されているものです。これは英国の教育者トニー・ブザン氏が開発したもので、その日本語公式サイトは次のとおりです。

・マインドマップ公式サイト

http://www.mindmap.or.jp/

また、ソフトウェアは次のとおりです。

・iMindmap日本語版

http://www.e-frontier.co.jp/imindmap/4/

マインドマップに似た、思考を助ける日本製のツールとしては、「マインドピース」というソフトウェアがあります。筆者はこれも愛用しています。

・マインドピース

http://mindp.kantetsu.com/

マインドピースなどで作成した結果を、思考の整理だけでお払い箱にするのはもったいない気がします。「A3ワンシート」のアウトプットに追加して、このビジュアルを見せれば、企画の理解がスムーズに進むこともあるでしょう。

筆者の知り合いには、アウトプットはすべて、このようなマインドマップかマインドマップ形式のビジュアルにして、プロジェクターで投影して説明するという企画の達人がいます。思考の整理とアウトプットの作成がほとんど同時にできるのですから、効率がいいことこのうえありませんね。

### ◆企画作業にもアウトプットにも便利なクラウドサービス

また、インターネット上にも、思考を整理しながら、ビジュアルによる企画のアウトプットを作成するためのクラウドサービスがあります。

その代表的なものは「Cacco」と「MindMeister」でしょう。

・Cacoo
https://cacoo.com/
・MindMeister
http://www.mindmeister.com/ja/

Cacooは日本生まれのサービスで、ウェブサイト上で図を作成することができ、マインドマップ形式の思考をおこなう助けになります。

MindMeisterは、無料で登録でき、マインドマップ形式の思考ビジュアルを作成できるツールです。

これらのクラウドサービスのいいところは、他者と協働して、図解による思考がおこなえることであり、ネットワークにつながればどこでも作業ができることです。

また、企画の思考と、アウトプットの作成まで続けておこなうことができるので、今後ますます利用が増えるのではないかと考えます。

アウトプットについては、画面はもちろんですが、紙などに書き出しもできます。たとえばCacooなら、ＰＤＦファイルに作成した図やマップを書き出せますので、「はいこれ」と紙やファイルで相手に差し出すことが可能です。

のです。

## 29 「紙」のアウトプットをもっとよくするヒント

### ◆アウトプットを紙で出力するときにはひと工夫

「A3ワンシート」をプリントアウトして配布する、そんなときにもひと工夫したいものです。

### ●「余白」をなるべく少なくぴっちり印刷する

お手持ちのプリンターの状況などにもよりますが、「A3ワンシート」のアウトプットは、あまり余白を作らずに、ぴっちり詰めておくほうが見栄えがいいものです。たとえばパワーポイントでは、「ページ設定」を開くと、「画面に合わせる（4：3）」となっているはずです。これをそのまま印刷すると、余白の多いプリントアウトが出てきます。筆者の場合、「ページ設定」を「A3」に変更し、プリンターのドライバーで「用紙に合わせて拡大／縮小」を選択すると、余白が少なくなり、締まった感じになります。これは、お使いのプリンタードライバーなどでいろんなパターンがあると思いますので、お試しください。

## ●複数ページを印刷する場合は製本する

企画アウトプットを、パワーポイントの標準スタイルにして10ページ程度でプリントアウトするとき、もし時間と若干の予算があれば「製本」して提出するのも手です。「製本」といっても難しいものではありません。市販の製本用ファイルを使えば、ホッチキスだけで自分で作成できます。筆者は、コクヨの『コクヨS&Tレポートメーカー』を愛用しています。プリントアウトした紙を挟み、ホッチキスで留めるだけで、アウトプットが見違えるようにオフィシャルな感じになります。数百円程度の支出ですから、これぐらいは投資してもいいのではないでしょうか?

もし、プロの手で製本してほしいというのであれば、フェデックス・キンコーズのビジネスサービスを利用するといいでしょう。さまざまな製本のスタイルが準備されていますし、都会で仕事をしていれば、帰りに製本を依頼して、翌朝受け取るという芸当が可能です。もちろん、これもお金がかかりますが、大量にアウトプットを製本しなくてはいけないときなどは検討の余地があるでしょう。

どちらにしても、製本してしまうと、あとで修正ができません。できたとしても、小さな部分を修正するぐらいですので、企画が固まって、最後の最後に提出するときの手段だとお考えください。

・フェデックス・キンコーズ
http://www.kinkos.co.jp/price/binding.html

## ●A4・4ページのスタイルで印刷する

「A3ワンシート」のアウトプットが理想ですが、書き込む情報量が多くなってくると、どうしても収まりきらなくなってきます。その際は、A3の「裏側」も使うように考えてみます。今の複合機やプリンターでしたら、A3・2ページではなく、A3表裏の1枚にプリントアウトはカンタンにできますよね。

その場合、単に裏表印刷では芸がないと思います。真ん中で折れるようにして、A4・4ページのスタイルで提出してはいかがでしょうか？ 紙はA3を1枚しか使わないのですが、折り曲げるだけでA4・4ページ分のアウトプットになるのです。情報量もたっぷりで、見た目もよい「紙」のアウトプットと言えます。

## ●上質な紙を使って印刷する

さらに、印刷する「紙」自体に気を配りましょう。本来は企画の中身がいちばん大切なことですが、受け取る相手が「おっ」と思うような仕掛けは、考える価値があります。たとえば、ビジュアルを活かした「A3ワンシート」などをプリントアウトしたいときには、フォト光沢紙や、レーザープリンター用の上質な紙を使って印刷すると、企画の聞き手の目には鮮やかに飛び込んでくることでしょう。

また、先ほど述べたフェデックス・キンコーズなどで出力を依頼すれば、紙質はもちろん、さらに大きなサイズでのプリントアウトにも相談に乗ってくれるはずです。もちろん費用はかかりますが、企画を通す目的であれば、投資してもよいのではないでしょうか？

# 30 「紙」のアウトプットと「スライド」のすみ分けのヒント

## ◆スライドで提案したいのだけど、どうもパッとしない

現在、アウトプットを「紙」だけではなく、プロジェクターで見せる、つまりスライドとして提案する場面が増えています。その場合は、パワーポイントを使って、標準的な複数ページのアウトプットで提案されることが多いと思います。

ところが、筆者が見る限り、「見づらいしおもしろくないスライド」が多いのです。その理由は、「紙」ベースで作ったものをそのまま「スライド」にしている場合がほとんどだからでしょう。紙ベースで作ったものをスライドに転用することは普通におこなわれていることですが、次のような問題があると考えます。

### 紙ベースで作ったアウトプットはスライドでは見にくい

とくに「フォントサイズ」の問題があります。紙ベースでアウトプットを制作すると、どうしても文字をぎゅうぎゅう詰めにしがちで、フォントサイズが9ポイントとか10ポイ

ントになってしまい、プロジェクターで投影すると非常に見にくくなってしまいます。

とくに、図解やグラフに注釈として書き入れた文字などは読むのが大変で、せっかくプロジェクターで提案しているのに、会議の出席者は手元の紙を見るしかなくなります。そうすると今度は、プロジェクターで提案しているときは薄暗いので、紙の資料もよく見えません。まるでお笑いのようですが、こんなプレゼンやセミナーは珍しくありません。

ここは手間を惜しまずに、紙のアウトプットとスライドのアウトプットを作り分けて、使い分けるほうが効果的です。たとえば、次のような組み合わせが考えられます。

**(1)紙は「A3ワンシート」、プロジェクターではスライドではなく静止画ムービーを投影**

**(2)紙は「A3ワンシート」、プロジェクターでは「A3ワンシート」から要点だけを抜き出したデザイン性の高いスライド**

**(3)紙は詳細に描き込んだ標準的な複数ページのアウトプット(パワーポイント)、プロジェクターでは「A3ワンシート」から要点だけを抜き出したデザイン性の高いスライド**

要するに「紙」では詳細を述べ、「スライド」では大づかみにしてもらうというすみ分けが効果的です。

（1）は前述した「A3ワンシート＋静止画ムービー」という必殺の組み合わせのことですので、ここでは説明を省きます。ここで問題なのが、（2）（3）の「デザイン性の高いスライド」をどう作るかということですので、次項で説明します。その前に、フォントサイズの使い分けを説明します。

## ◆「紙」と「スライド」ではフォントサイズを変える

前述のように、「紙ベースで作ったアウトプットはスライドでは見にくい」ということが起きないよう、それぞれフォントサイズを使い分けます。

筆者の使い分け例を左の図21でまとめました。フォントサイズの変更には、フォントの種類も多少関係してきます。これはあくまで筆者の事例で、皆さんは状況に応じてセットしてください。しかし、体感的に、プロジェクターで16ポイントより小さいフォントは読みにくいです。とくに明朝系だと、なお見にくくなるので注意しましょう。

## 図21　フォントサイズ使い分けの事例

| | | フォントサイズ目安 | フォント種類 | 文字装飾 |
|---|---|---|---|---|
| 紙ベース | 大見出し | 18pt〜28pt | ゴシック系 or 明朝系 | 太字 or 効果 |
| | 見出し | 16pt〜18pt | ゴシック系 or 明朝系 | 太字 |
| | 本文 | 10pt〜14pt | ゴシック系 or 明朝系 | 標準 |
| スライドベース(プロジェクター) | 大見出し | 32pt〜44pt | ゴシック系 | 太字 or 効果 |
| | 見出し | 24pt〜28pt | ゴシック系 | 太字 |
| | 本文 | 16pt〜20pt | ゴシック系 | 標準 |

# 31 「スライド」のアウトプットをもっとよくするヒント

## (1) デザイン

### ◆カラーリングは控えめがベター

本来、アウトプットのデザイン性と企画の中身の良し悪しとは関係がありません。冴えた企画とは、ひと言口頭で述べたとしても「冴え」があるはずです。しかし、ビジネスシーンでは、アウトプットで判断されることが多いので、アウトプット自体がパッとした雰囲気を醸し出さないと、いい判断がなされないのが実情です。今後はビジネスにおいて、デザインの必要性、あるいはデザインというものに関する感受性が、より強く求められてくると思いますので、企画のアウトプットに対しても最低限の注意は払いたいものです。

さて、「A3ワンシートのアウトプット」にしろ、「パワーポイントで作成した標準的な複数ページのアウトプット」にしろ、そのデザイン性にかかわるものは、まず「カラーリング」つまり色の使い方です。プリンター出力もカラーが当たり前になり、プロジェクターで投影されるときにも、色の印象が大きな影響を与えます。**「(白色を除き) 使う色を三色まで」**に限定するとよいでしょう。三色だと少ないように思うかもしれません。しかし、「色彩の濃淡」を使えば、幅は広がりますし、「白抜き」も使えます。

とくに扱いやすい色は「青色系」です。どんな場面でも失敗のない色です。筆者の企画書などのアウトプットは、ほとんど「青色系」をベースに作成され、ポイントは、「赤色系」で強調するようにしています。「赤色」はあまり使うとうるさいので、ポイントだけにしています。同様に「青紫系」「モスグリーン系」も使いやすい色です。

「A3ワンシートのアウトプット」においては、ベースが「紙」の白地ですから、基本的には「黒色系」の文字や表組でまとめられると思います。ポイントに「青色系」か「赤色」を使うぐらいで、カラーリングは抑えめにしたほうがよいでしょう。

「パワーポイントで作成した標準的な複数ページのアウトプット」のスライドでは、バックのベースに「(濃い) 青色系」を使うこともあります。そうすると、逆に、強調したいところは「白抜き文字」を使用したりします。最新バージョンのパワーポイントでは、配色の組み合わせなどが便利に選べるようになっていますので、このあと、パワーポイントの便利な使い方を説明する項目で紹介させていただきます。

## ◆スライドのレイアウトは余白を意識して

　さて、スライドの話に絞ります。複数ページのスライドを提案者に見せるのですから、まず必要なのは統一感です。パワーポイントのスライドがページごとに違ったレイアウトだったり、使っているフォントの種類がバラバラだったりすると、統一感が感じられず、なんだかパッとしないアウトプットだと思われてしまいますので、まずはパワーポイントのスライドデザインを最初からきちんと決めて作成することが基本です。

　そこで、デザイン性の高いスライドにするコツは、**「余白」と「写真」**の使い方です。「A3ワンシートのアウトプット」においては、あまり余白を残さず、ぴっちりプリントアウトしたほうがよいと述べましたが、スライドにおいては、逆に「余白」をうまく使ったほうが高いデザイン性を表現できると思います。

　具体的には左の図のように「ぴっちり文字を詰め込んだスライド」（左図22の上段）ではなく、「一枚の文字量を減らして余白を残したスライド」（左図22の下段）のほうがいいイメージを与えます。また、余白の部分に、「写真」を貼り付けておくのもベターです。各スライドに共通させて、イメージのよい写真、とくに植物や雲、波、風景などの自然素材を貼り付けておくと高品位なイメージを与えます。

▶スライドの余白を残したほうが良い印象になる。

**図22　スライド上の余白の取り方**

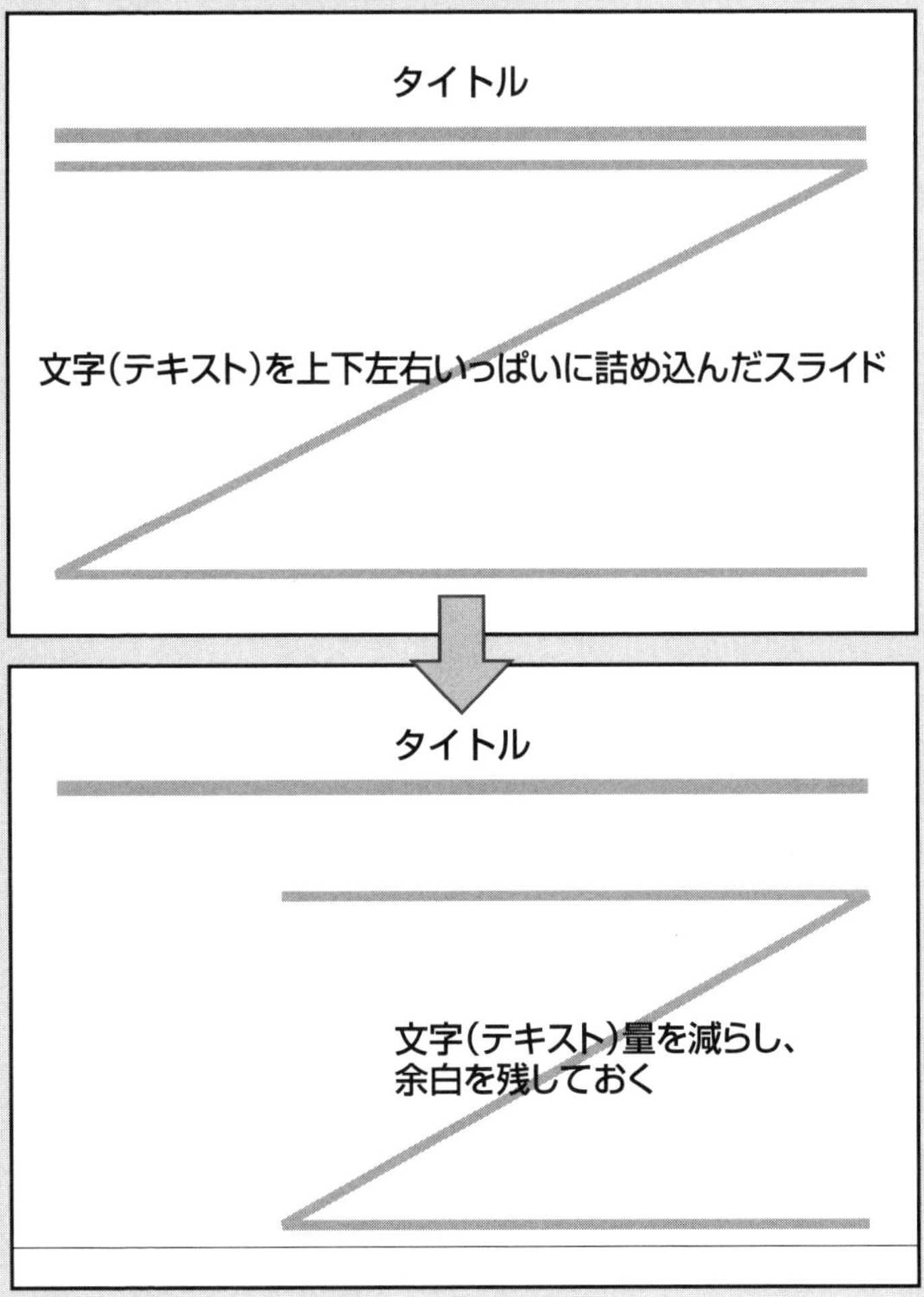

# 32 「スライド」のアウトプットをもっとよくするヒント

## (2) 図解

### ◆ワンスライド、ワンメッセージが原則

「パワーポイントで作成した標準的な複数ページのアウトプット」を使うと、聞き手に向けて、たくさんのスライドを提示することになります。よく見る事例で、1枚のスライドに、たくさんの図解が詰め込まれていることがあります。そうすると、これは、聞き手にとっては「わかりにくいスライド」になってしまいます。それはなぜでしょう?

図解とは読んで字のごとく、「図形や文字を組み合わせてある事象を表すこと」です。つまり、四角形それだけでは、単なる「図形」ですが、文字や他の図形と組み合わさることにより、1つのメッセージに変わるのです。

そうすると、1枚のスライドに複数の図解が入ってしまうことは1枚のスライドに複数のメッセージが入ってしまうこととイコールになります。そのため、聞き手または読み手の理解を妨げてしまいます。スライドの作成は「ワンスライド、ワンメッセージ」が原則

です。１枚のスライドには図解は１つまでにしましょう。

◆図解は「図形」の意味と、「並べ方」がポイント

図解はその図形の持つ意味と、「置き方」「並べ方」がポイントです。アウトプットの作り方としては「上から下」「左から右」というのが流れの原則です。

よく使う基本的な図形には長方形や楕円、矢印などがあり、それぞれにはすでに意味があります（参照：『図解のルールブック』高橋伸治　日本能率協会マネジメントセンター）。

１５５ページの図23に一覧をまとめましたのでご参照ください。

これらの図形に文字を加え、並べ置いたものが「図解」つまり、ある事象を説明しようとするものになるわけです。なので、その図形の意味を把握し、統一して使うことによって、図解をわかりやすくすることができるのです。適当に「ここは四角でいいかな」「ここは丸いカタチにしよう」とやっていると、見た目にも統一感がなく、意味が伝わりにくい図解になりがちです。

◆図解それ自体の意味を考える

図解には「循環」「手順」「リスト」「組織図」などさまざまな種類があります。これら

は、説明したい企画の内容に合わせて使うのですが、パワーポイントの最新バージョンには「SmartArt グラフィック」という機能があり、実にカンタンに、ほしい図解を作成する機能がついています。この機能は、あとの項目でパワーポイントの使いこなし方として説明させていただきます。

複雑な表組みなどを使用している図解を作成するのは、かなり時間がかかり、作図が面倒です。パワーポイントの「SmartArt グラフィック」を活用して、早く、きれいな図解を作成させたほうが効率的です。そこに時間をかけるのであれば、企画を醸成するのに時間をかけるべきでしょう。

## ◆無料で使えるものは活用しよう

意外と知られていないのが、パワーポイントというソフトウェアを産み出したマイクロソフト社の「オフィスオンライン」というウェブサイトです（これはパワーポイントなどから直接アクセスできるのでURLは略）。こちらでは、無料で使える画像やパワーポイントのテンプレートなどがたくさん準備されています。こういった便利なものは使わねば損ですね。

### 図23　基本的図形の意味リスト

| 図形 | 名称 | 意味 |
|---|---|---|
|  | 長方形 | 処理・作業<br>組織・部署<br>具体性の高い概念 |
| 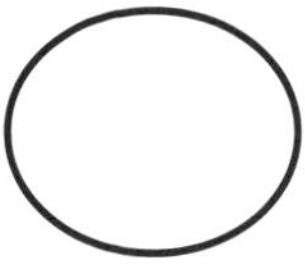 | 楕円 | 抽象度の高い概念<br>実態のない群 |
| 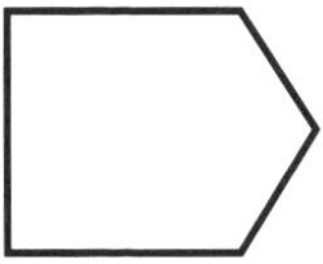 | 箱矢印 | 処理・作業 ＋ 方向 |
| 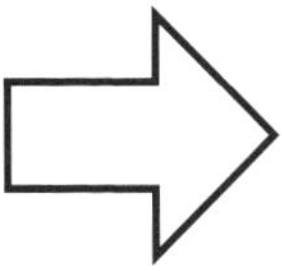 | 面矢印① | 変化の前後を表す |
|  | 面矢印② | 因果・影響関係を表す |

# 33 「スライド」のアウトプットをもっとよくするヒント

## (3) グラフ

### ◆グラフには「ひと手間」かける

企画のアウトプットでよく使われるのがグラフです。背景となるデータを説明するのに最適だからです（グラフも数量を表す「図解」ではありますが、別に説明することにします）。

これらを作成するときには、エクセルやパワーポイントを使うことが一般的になっています。付属の機能を使えばカンタンに表組やグラフを作ることができますので、そのまま使用している人が少なくないでしょう。

しかし、企画のアウトプットとして使用するときには、ぜひ「ひと手間」かけていただきたいと思うのです。グラフ・表組は、作成した当人はその内容を把握しているはずですが、聞き手のほうは、そのグラフで何が言いたいのか、把握するのに時間がかかります。

たとえば、こんなアンケート結果があったとします。

## 「新埼玉市意識調査～あなたは次のデジタル機器のどれがほしいか？」

この結果を企画の背景として、「シニア層にタブレット端末の販促をかけたい」という企画の説明に使いたいと考えたとします。データである数量の表組をそのまま使うと次ページの図24のようになります。それではわかりにくいので、図25のように棒グラフにしてみます。しかし、それでも説明には使いづらいでしょう。そこで、グラフの数列を入れ替え、デジタル機器ごとの興味度を年代別に比較し、「ここから判断すると、シニア層のタブレット端末への興味が高いようです」という説明を書き加えます。つまり、グラフや表組みのアウトプットにひと手間かけるのです。こうすることにより、グラフを使う効果が高くなります。

159ページの図26では、「点線」による訴求と、コメントをつけてわかりやすくしていますが、さらに吹き出しを使うのも効果的です。

また、イメージのわきそうな写真やイラストを配してもいいでしょう。要は単に数量を加工するだけでなく、ビジュアルなどの面でひと手間かけることです。

**図24　アンケートデータの表組例**

| | パソコン | スマートフォン | タブレット端末 |
|---|---|---|---|
| 20代 | 50 | 80 | 10 |
| 30代 | 60 | 70 | 12 |
| 40代 | 70 | 70 | 35 |
| 50代 | 70 | 50 | 65 |
| 60代 | 40 | 20 | 55 |
| 70代 | 35 | 5 | 50 |

**図25　そのままグラフにしてももうひとつ伝わらない**

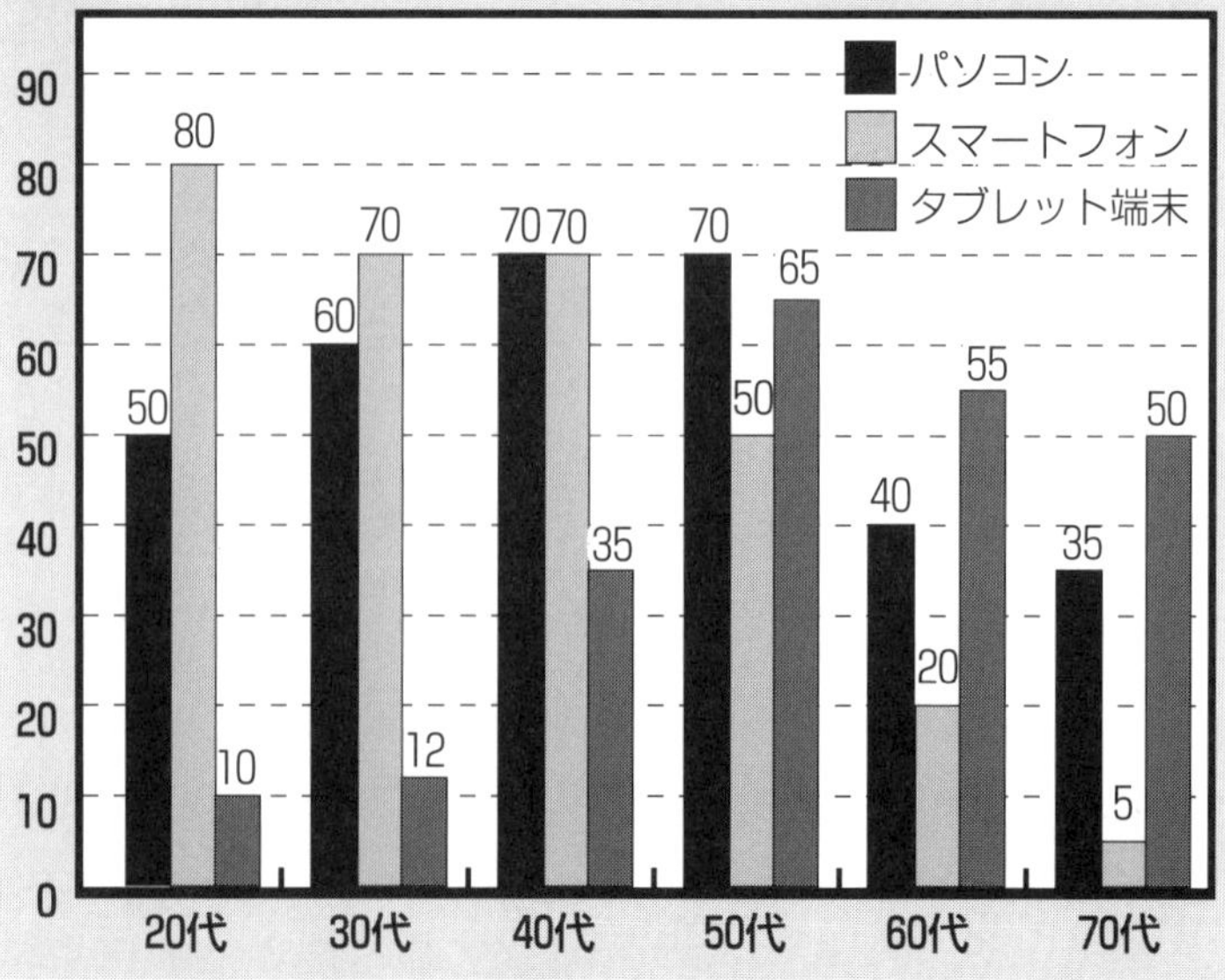

**図26　ひと手間加えて、訴求点をわかりやすくした例**

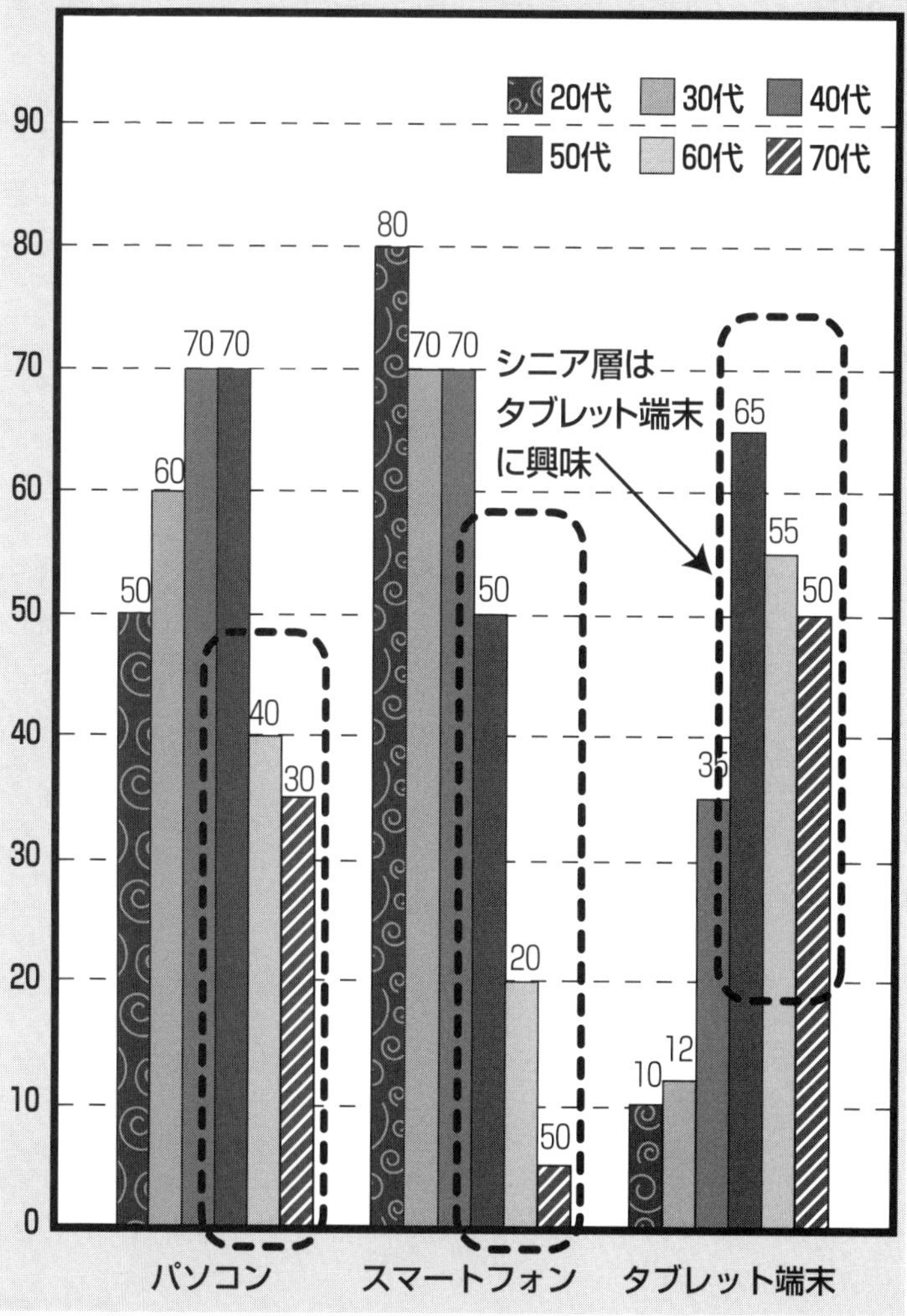

# 34 パワーポイントをもっと使いこなすヒント

## (1) アウトラインで速成

### ◆「アウトライン」機能を使って5つの項目から速成する

企画のアウトプットを完成させるのにもスピード感が必要です。デザイナーにお願いしてデザインしてもらうような予算と時間と余裕があれば別ですが、ほとんどのビジネスパーソンは、自分が考えた企画を、最後にパワーポイントのスタイルにまとめ直す作業を行っていると思います。「できるだけいい感じのアウトプットを作りたい」、そう思うのが人情でしょうが、そのために時間をかけるのは本末転倒です。企画の中身を練り上げることにこそ時間をかけるべきですよね。

そこで、パワーポイントを使いこなしていない人のために、アウトプットのポイントをいくつか説明します。とくにパワーポイントのバージョン2007以降は、かなり時間をかけずにデザインできる機能が増えました。本書でもバージョン2007以降のパワーポイントを前提に説明させていただきます。

まず、企画を構成する5つのポイントに戻ってみましょう。

**(1)企画概要…ひと言で言うとどんな企画なのか?**
**(2)企画の背景…どうしてその企画がいいと思うのか?**
**(3)想定メリット…その企画によって、テーマを与えた方(上司つまり会社、取引先など)にはどんなメリットがあるのか?**
**(4)スケジュール…企画の実施にはどれぐらいの期間が必要か?**
**(5)予算…企画の実施にはどれぐらいの予算が必要か?**

これらについて、箇条書きにしたものを、パワーポイントの「アウトライン」機能を使って書き込んでいくのです。164~165ページに図解しましたので、本文とあわせて参照してみてください。

まず、パワーポイントを開いてみると、左上に「スライド」「アウトライン」というタブが見えます。通常は「スライド」が選択されています。ここで、「アウトライン」をクリックします(図27)。

その「アウトライン」の画面にしたら、「タイトル」と書いてクリックします。ここは表紙になります。次に（1）企画概要と入力してクリックします。同じ作業を繰り返していくと、表紙を入れて6ページのスライドができます（図28）。

この時点で、それぞれのスライドにタイトルがついています。次に、それぞれのスライドに具体的な内容を書き込んで、書き込んだらクリックして、さらに「インデント」をクリックして「一段階」下げます。そうすると、本文の部分ができあがります（図29）。これでスライド全体の骨組みが完成します。

企画のアウトプットを作ろうとするとき、さあ、企画書を作成しようとするとき、なかなか取りかかる気分になれないということはありませんか？「デザインをどうしようか……」「何かいいテンプレートはないかなあ……」と探したりしていると、時間がどんどん過ぎてしまいます。

大切なことは、アウトプット作成に時間をかけすぎないように、ソフトウェアの便利な機能を最大限に活用することです。今回のように、まず、アウトライン機能を使ってスライド全体の骨組みを作ってしまうこと。そして、細かいところは、そこからつけ足していくこと。デザインは途中で調整すればいいこと。そういう手順ですすめると、ムダな時間を最小限にできるはずです。

## ◆「テーマ」機能を使って全体のデザインやカラーリングを調整する

骨組みができたところで、全体のデザインを決めましょう。これもパワーポイントまかせにしていいのです。「デザイン」のメニューを開いて、上部にある「テーマ」から好きなデザインを選べばいいのです（図30）。

マウスを好きなところに置くと（マウスオーバー）、選んだデザインが当てはめられたスライドのイメージを見せてくれます。気に入らないときは、次々と他のテーマを探せばよいのです。

## 図27　アウトラインを選択

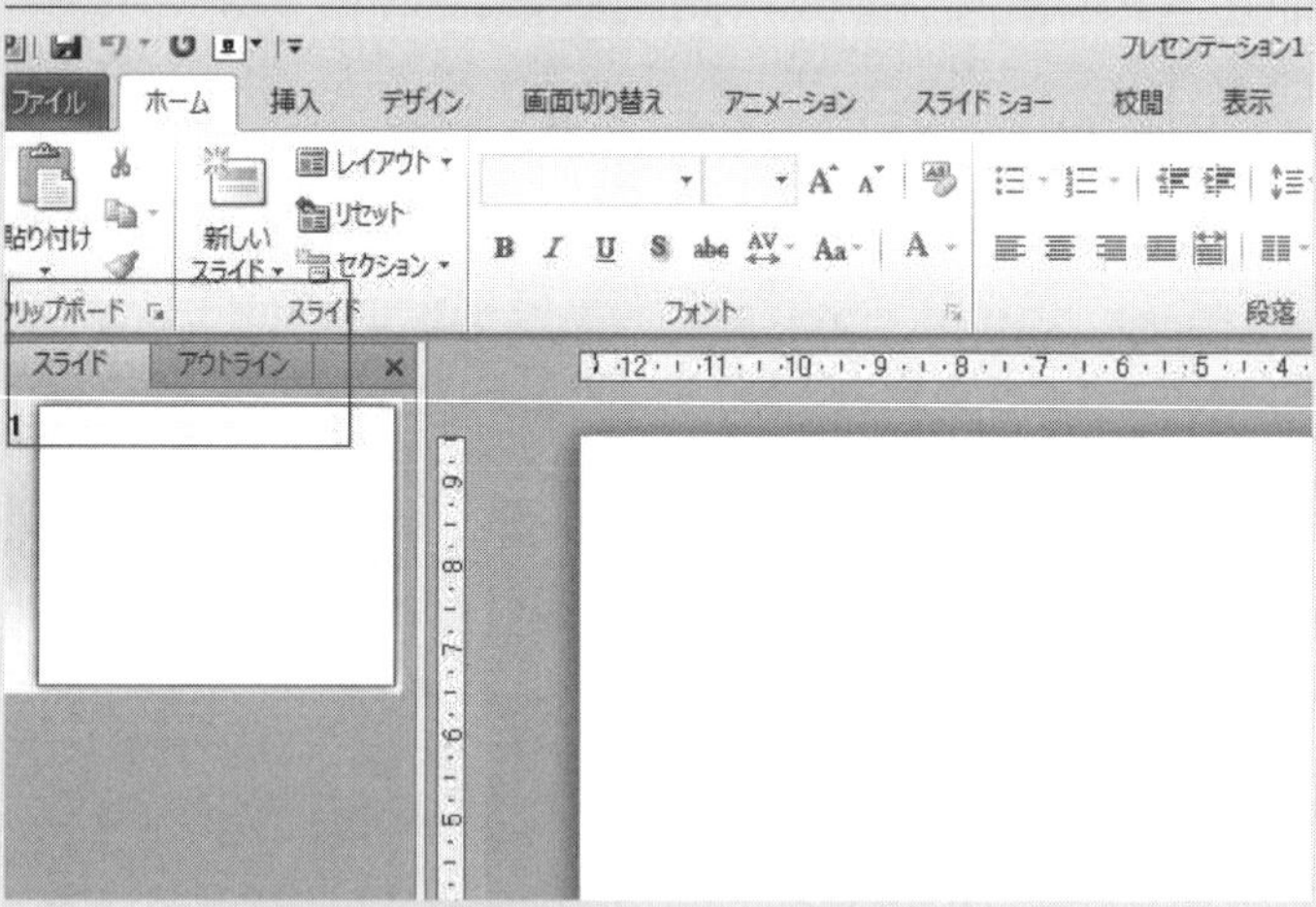


## 図28　箇条書きを書き込んでいくだけ

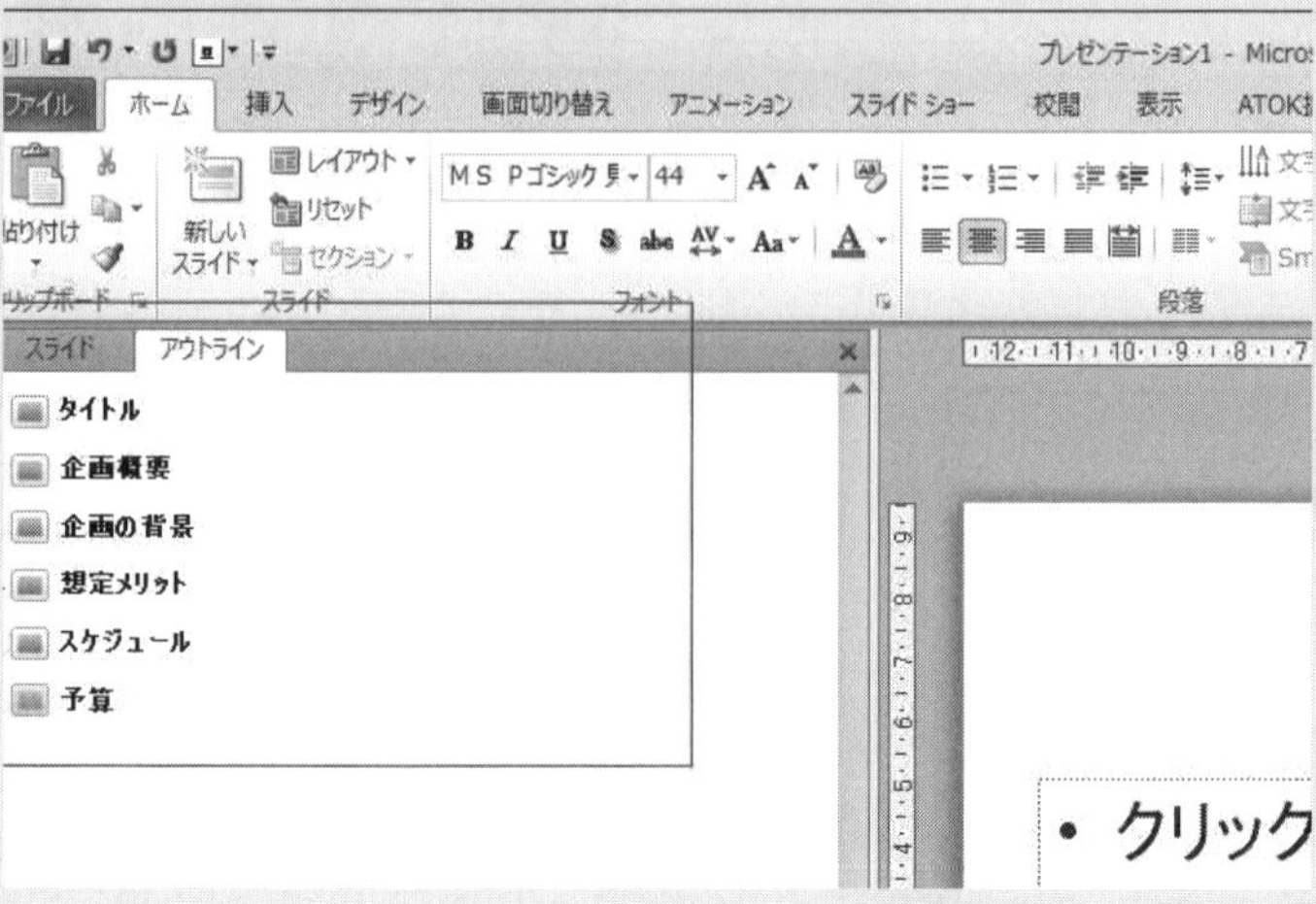

**図29　スライドの骨組みが完成。
ここまで一気にやってしまいたい。**

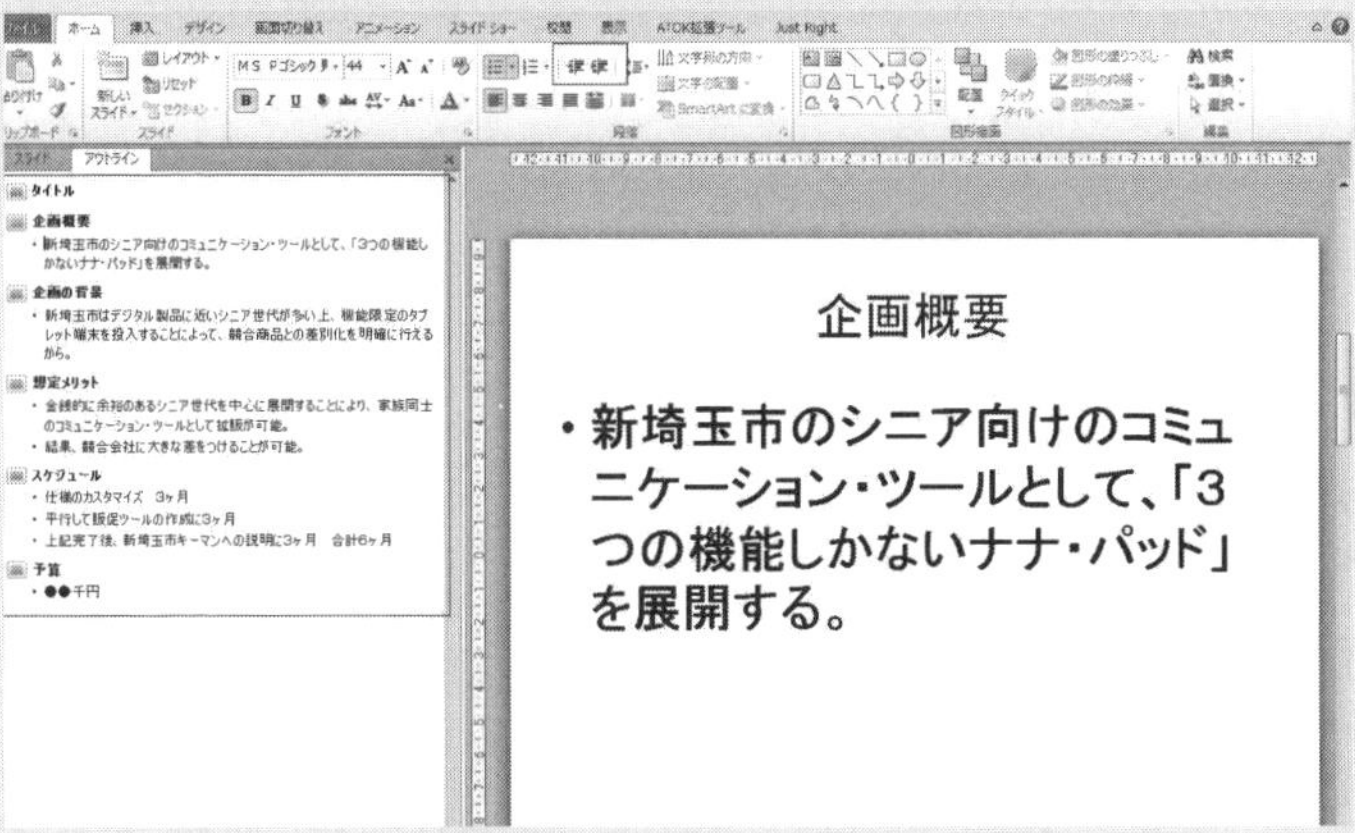


**図30　デザインを考える。「テーマ」から探すと速い。**

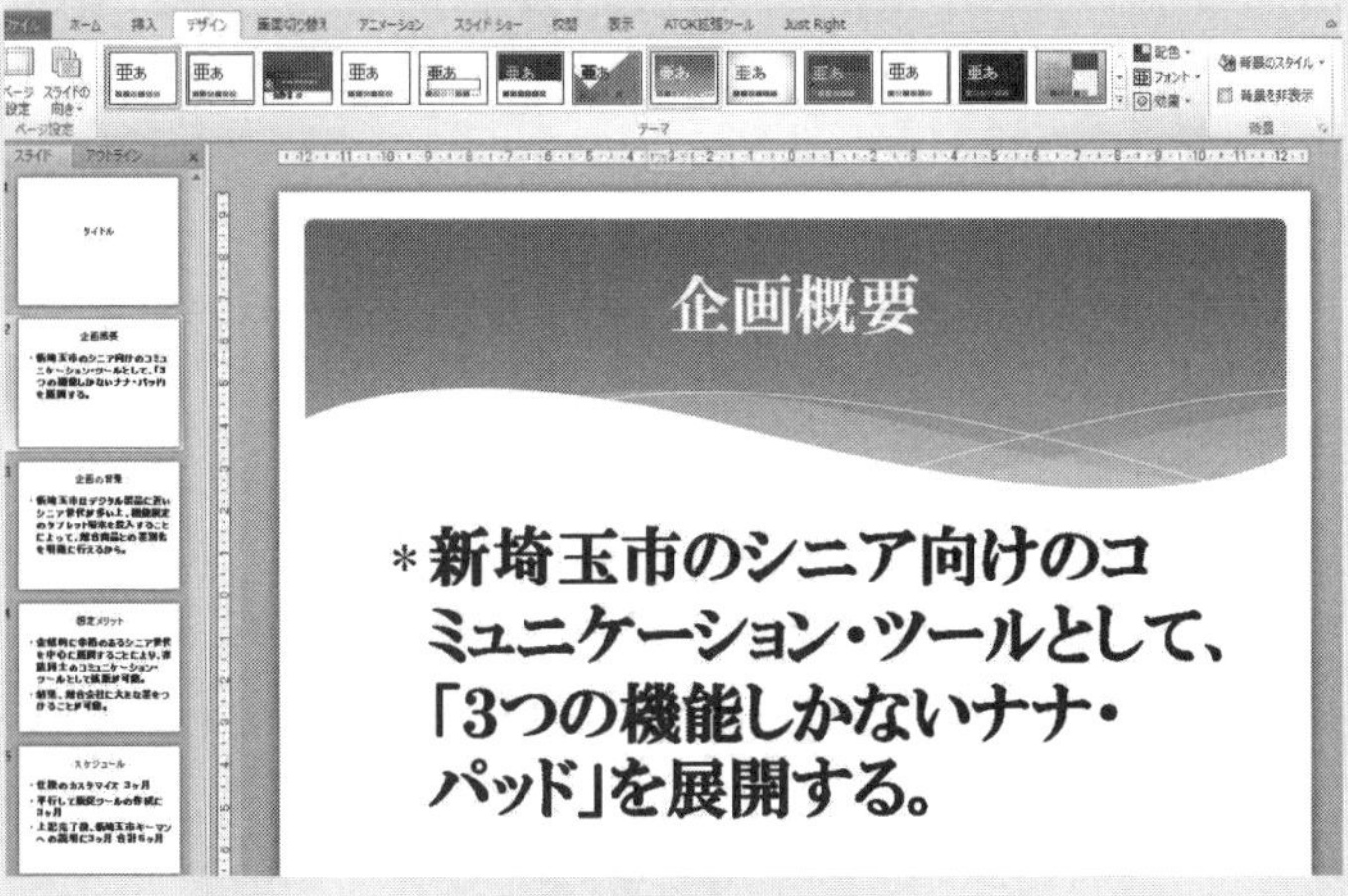

# 35 パワーポイントをもっと使いこなすヒント

## (2) 図解の速成

### ◆図解はイチから作らない

アウトラインの中で、よく使うものとしたら図解です。しかし、この図解をイチから作成しようとすると、思ったより時間がかかりますし、なかなかキレイに作れません。前述のように、パワーポイントの「SmartArt グラフィック」という機能を使うのが速成のコツです。ちなみにこの機能はパワーポイントだけでなく、エクセル、ワードでも2007以降のバージョンであれば利用できますが、使いやすいのはパワーポイントです。

### ◆コンセプト図を速成する

まず、考えたことを文字で記入していきましょう。今回は商品のコンセプトを作ってみたいと思います。ふつうに、パワーポイントのスライドに文字を記入するだけです（168ページ図31）。文字を記入したら、選択して、マウスを右クリックするか、メニューの

「SmartArt グラフィック」を選択します。そうすると、さまざまな図解の見本が表示されます（168ページ図32）。

その中から、選んでみた事例がこれです（169ページ図33）。イチから作るより、はるかに速い時間で作成することができます。

しかし、このままではちょっと愛想がない、もう少しデザインしてみたいときは、上部の「SmartArt スタイル」というメニューで「色の変更」や「3D効果」を試してみるといいでしょう。

## ◆組織図を速成する

これもイチから作成すると面倒な「組織図」です。作業はほとんど「コンセプト図」と同じなので細かい説明は省略しますが、テキストに肩書きや人名を入れて、「SmartArt グラフィック」で変換するだけで組織図ができます。

## ◆スケジュールを速成する

面矢印を使った、カンタンなスケジュールも、同じように「SmartArt グラフィック」で速成しましょう（169ページ図34）。

**図31 まずテキストを入力していく**

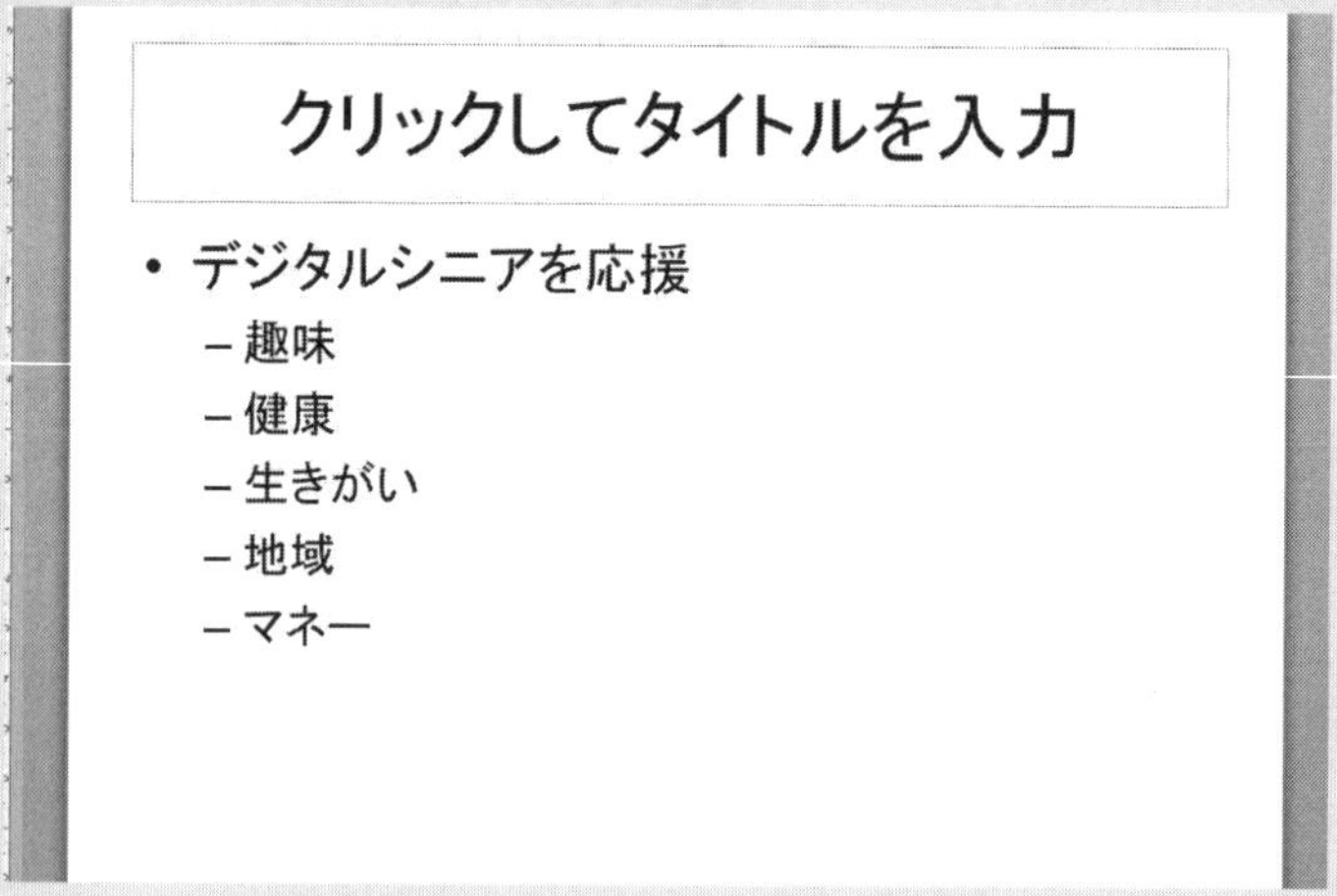


**図32 「SmartArtグラフィック」をクリックするとリストが現われる。**

**図33　好きなテーマにマウスオーバーすると、デザインの例を見ることができる**

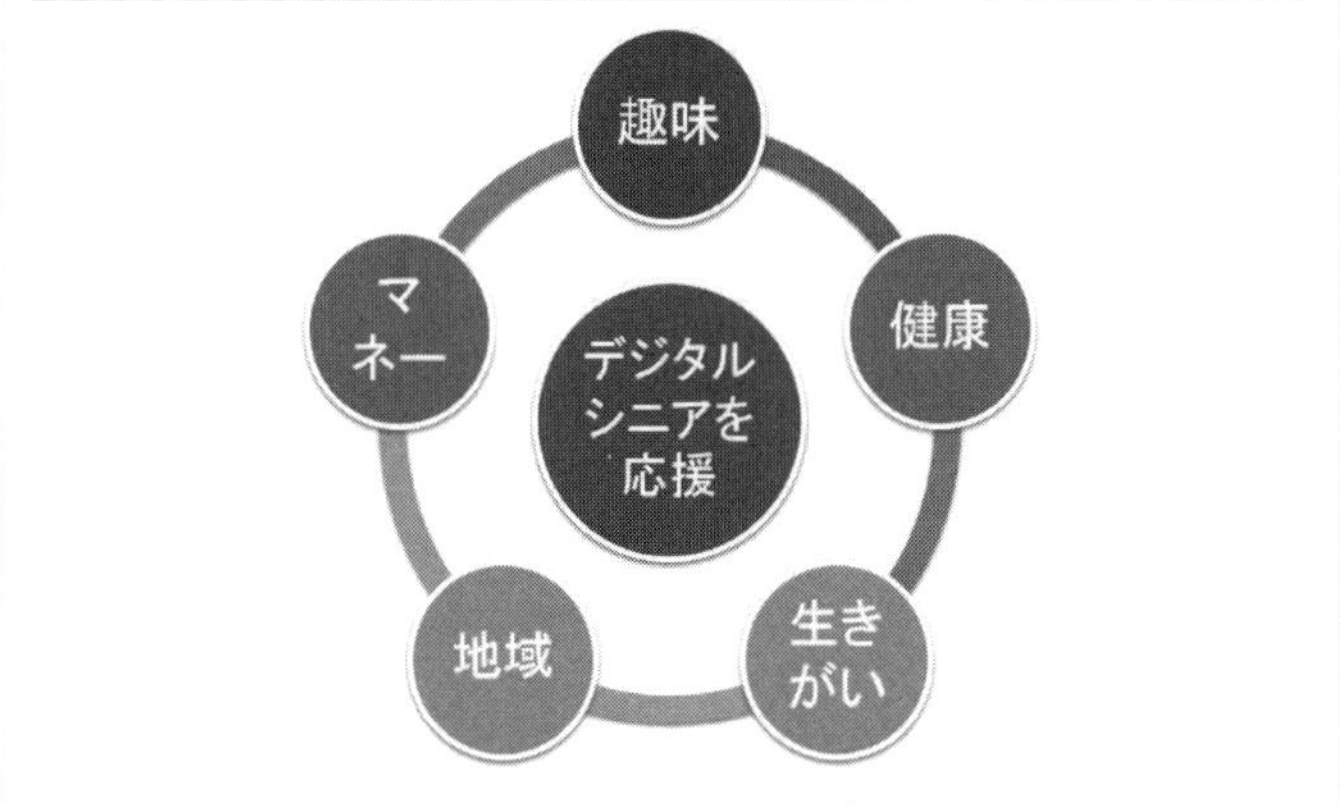


**図34　「SmartArtグラフィック」でラフなスケジュールイメージを作ってみる。**

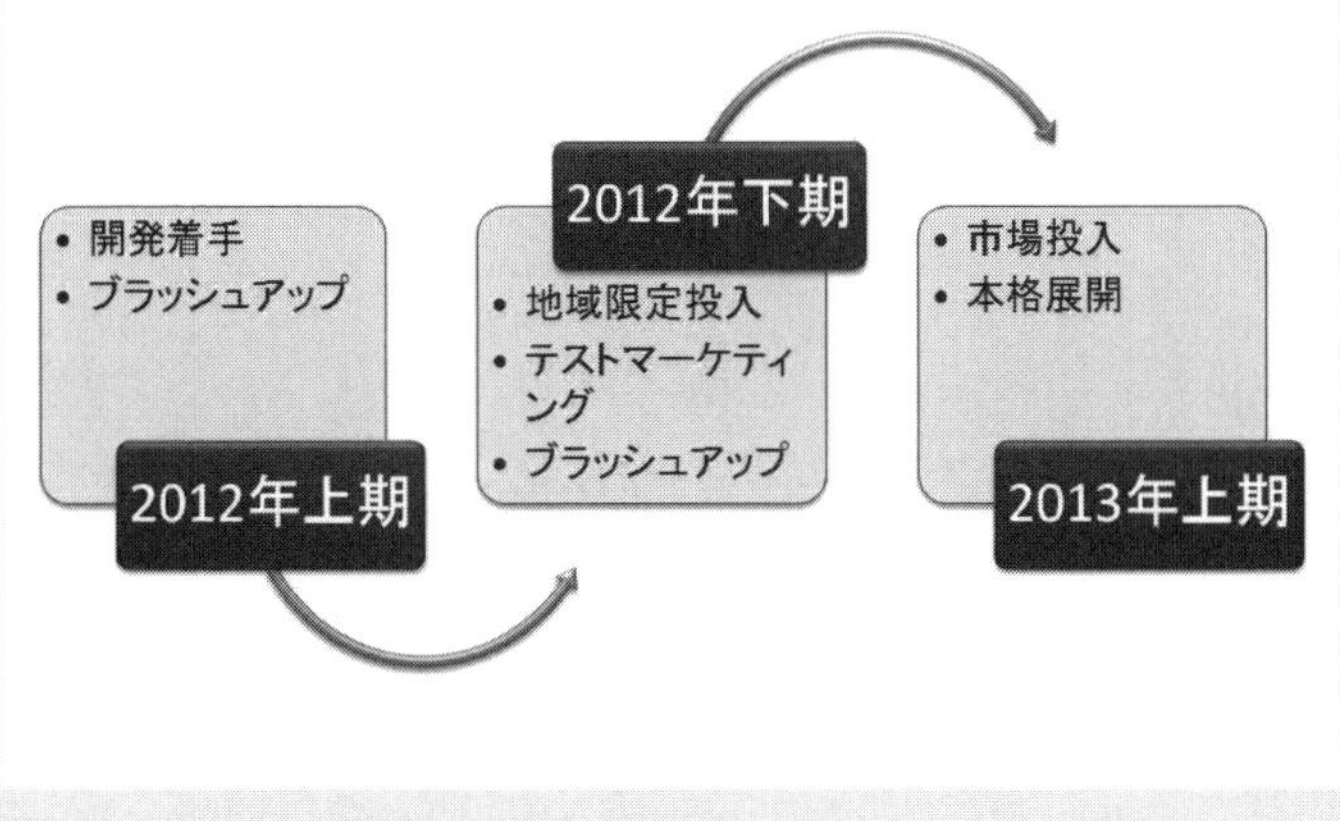

# 36 自分の「企画通過システム」を持つ

## ◆「通る企画」をシステムとして生活に組み入れる

さて、いよいよ最後の項目となりました。本書で言いたいことをもう一度整理し、まとめてお伝えしましょう。一貫して述べてきたのは、「通る企画」をシステムとして自分の生活に組み入れることです。それを本書では「企画通過システム」と呼んできました。

途中で、その「企画通過システム」の前半の流れと、後半の流れを図にしましたが、最後に前半と後半を合体させましょう。174ページの図35が「企画通過システム」のフローの全貌です。これに沿って「企画通過システム」を整理し直します。

### ・大局観（社会の潮流）

まず、あなたがどうであれ、世界の時計は動いて、さまざまなできごとが起こります。為替レートの変更、遠い国の通貨や株価暴落から、法律の改正やエネルギー不足などの問題。常にあなたの隣には、この大きな社会の潮流が流れています。インプットを得るときからアウトプットを作るときまで、直接企画に関係がなくとも、大きな視点で社会の流れを見ていなくてはなりませんね。

**・ビジネス力学**

あなたの所属する組織、仕事、取引先、これらはすべてビジネス力学によって動いています。具体的にはここから企画のテーマが与えられることになります。ですから、これも、常にあなたの隣に流れているものです。これを無視して企画は成立しません。

**・インプットを収集**

すべてはここから始まります。目的を持ってインプットするもの、そうではなくて、日常気がついたもの、無意識に集めたもの。それらもすべて重要なインプットです。

**・インプットから「企画のタネ」を拾い出す**

「状況」に出会ったら心のシャッターを切ります。そうしてどんどんストックの中に投げ入れていきます。ここではデジタルツールとクラウドサービスを使うのが便利です。

**・「自分仮説」をつくる**

「企画のタネ」から、とくにおもしろそうなもの、自分の取り組むビジネスに近いものなどを拾い出して、「自分仮説」を作ります。この「自分仮説」がたまればたまるほど、どんどん企画を産み出すビジネスパーソンになれるのです。

**・「自分仮説」を醸成する**

ビジネス力学のどこかから、企画のテーマが与えられました！ さあ、「自分仮説」を醸成させて企画に昇華させましょう。

**・「企画A」が完成**

そうしてようやく「企画A」ができました。本書では、「A3ワンシートのアウトプット」ができれば、企画ができたということになります。しかし、これはまだ「企画A」です。ここで止まらずに、企画を洗い直しましょう。「大局観」と「ビジネス力学」を軸に、通る企画へとブラッシュアップします。

**・「企画A＋」が完成**

ブラッシュアップした企画は「企画A＋」というアウトプットになりました！ でも、

その過程で考えついた企画も捨てがたい……。それは「企画B」として保持しておきましょう！　それが別の場面で「企画A＋」として生きることもあるのです。

**・アウトプット作成**

「A3ワンシートのアウトプット」でよければ、それはもう完成しています。そうではなく、「パワーポイントで作成した標準的な複数ページのアウトプット」を作る必要があるのなら、「A3ワンシート」をもとに加工すると速成できます！　そのあとはいよいよプレゼンです。工夫を加えたスライドのアウトプットを使って、プレゼンに挑みましょう！

▶「企画通過システム」の全貌。これを参考に、自分にマッチしたシステムを考えよう！

**図35　「企画通過システム」全体図**

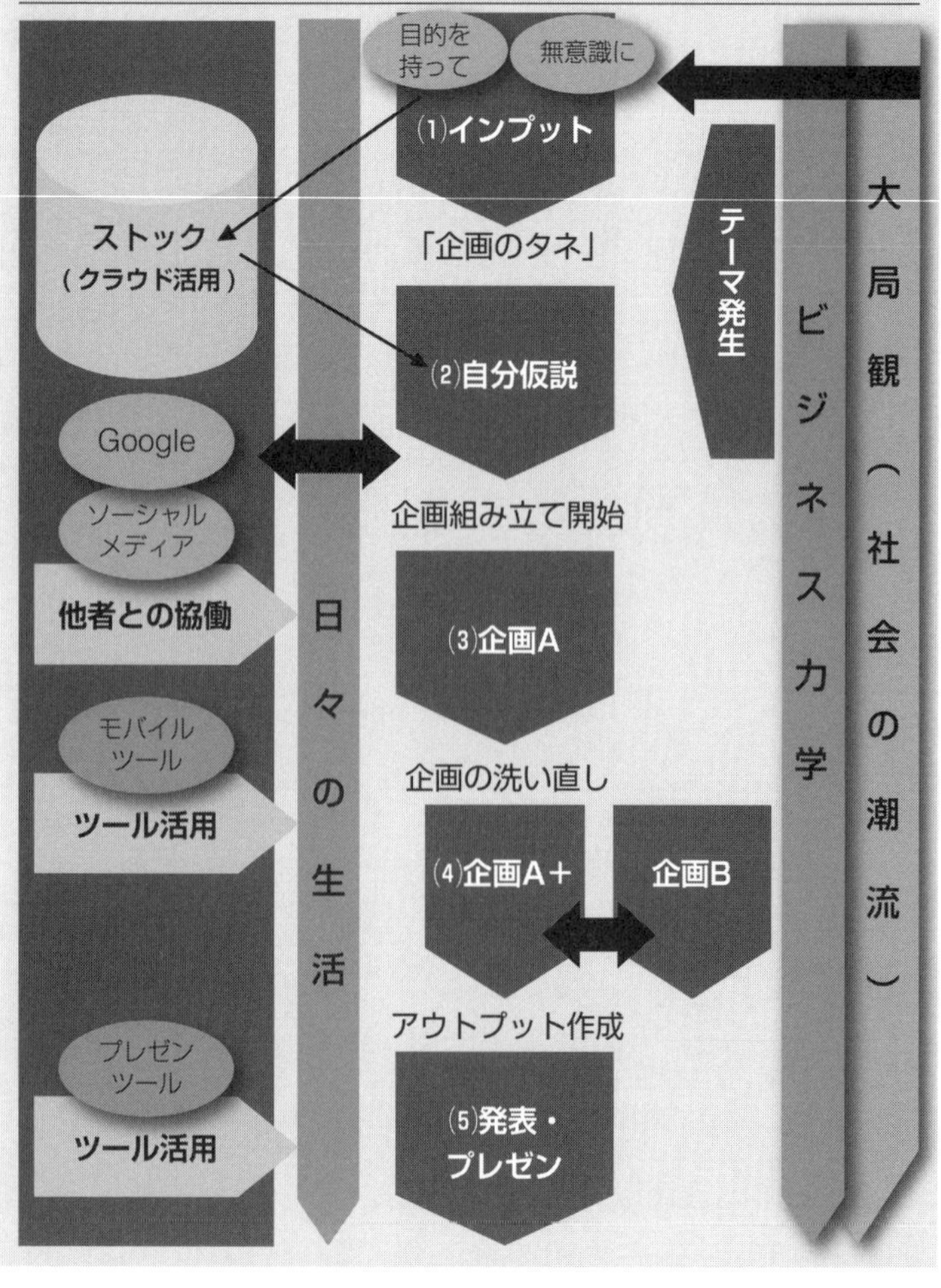

COLUMN

# 「企画通過システム」を支えるツールたち

筆者の「企画通過システム」を支えるものは、（1）ハードウェア、つまり目に見えるもの。（2）ソフトウェア、（3）クラウドサービス。（4）環境、の4つです。筆者の使い方をご紹介しますので、参考にしていただければ幸いです。

## （1）ハードウェア～いつでもどこでも企画を考えられるように

まず、自分が「いつでもどこでも」仕事をできるように、持ち歩く入れ物が必要ですよね。ですから、まず大きな入れ物を準備しましょう。筆者はリュックの中に、100円ショップで売っているようなメッシュの袋を使って、荷物を目的ごとにまとめています。たとえば、仕事で取材に行くときにはデジカメ、ICレコーダー、フリクション（パイロット社の消えるボールペン）、ポストイットなどが必要なので、それらを「制作部」と呼ぶメッシュの袋に入れます。資料の紙やノートなど、「紙」に関するものは別の大きな袋に入れて保管します。この袋を「資料部」と呼びます。

ノートパソコンは大きなパソコン専用のバッグに入れます。ちなみに、ノートパソコンは軽量で電池が持つものにしています。少なくとも6時間は持ってほしいものです。

パソコン関連の備品は、すべて「情シス部」と呼ばれるメッシュの袋に入れています。具体的には、モバイルルーター（Wi-Fi）やマウス、電源コードなど。そして忘れてはいけないのが、充電式のUSB出力つきリチウムバッテリーです。スマートフォンなどは、本当にバッテリーの持ちが悪いので、もしもの場合にはこうした予備電源がないと不安です。「情シス部」の袋の中には、空のUSBメモリーとSDカードも入っています。これは、出先で相手方から大きなデータをその場で受け取ることがあるために持ち歩いています。　セキュリティの面からすれば、あまり感心できない話かもしれませんが、容量の大きな画像やPDFファイルなどを数百メガ分も渡されることもなくはありません。そんなときに予備の記憶媒体があると意外に便利なものです。

そしてスマートフォン本体です。スマートフォンは、だんだんとハードウェアの中心となりつつあります。もっと性能が上がれば、スマートフォンにキーボードをくっつけることでパソコンとデジカメの役割を果たせるようになるでしょう。

伝票などは「経理部」と呼ぶメッシュの袋に入れています。出張のときの切符や領収書などもここにいったん入れられます。

つまり筆者の場合、「企画通過システム」どころか、「一つの会社」がリュックの中に詰まっているというようなものでしょう。

## (2) ソフトウェア～「オフィス」とPDF

まず、マイクロソフトオフィスがメインです。まれに「フォトショップ」、Windowsパソコンに最初から備わっている「ペイント」を使うこともあります。

加えて、「iMindmap」などのマインドマップ関連のソフトウェアも使います。そして、企画によっては、静止画ムービーのソフトウェアを使うこともあります。

近ごろ使用頻度が上がってきたのが、「Adobe Acrobat」です。これはPDFの作成と、その修正や加工に使うソフトウェアです。無料のPDF作成ソフトなどはありますが、やはり本家の有償のものが筆者にとっては使いやすいようです。近ごろはPDFの書類にコメントを記したり、修正指示をしたりする機会が増えてきましたので、かなり重要度が増しています。また、PDFの資料の束を、「ポートフォリオ」という形にひとまとめにして加工できるのが便利です。サイズや向きが違う資料でもまとめて保存したり、提出したりできます。「紙」で資料を保存するのは手間だし、かさばるだけですよね。

## （3）クラウドサービス～いつでも、どこでも、誰かと協働もできるように

クラウドサービスも、ソフトウェアといえばソフトウェアなのですが、ここは分けて説明しましょう。

クラウドサービスにおいては、まず、本文で説明したようにグーグルのサービスが中心となります。また、「フォトショップ」「ペイント」に代わって、「piknik」というクラウドサービスが便利なので、写真のカンタンな加工にはこれでいかな、と思って使っているところです。piknik のいいところは、ちょっと写真を加工するぐらいなら、登録もサインインも必要なく、いきなり使い始めることができることです。むろん利用料は一切かかりません。

http://www.picnik.com/

そして、筆者にとって、もっとも大切なクラウドサービスが、「DropBox」です。

DropBox とは、自分のファイルを、パソコンの中でなく、クラウドの中に預かってもらうサービスです。こうしたサービスを「オンラインストレージサービス」と呼びます。なんだか難しく聞こえるかもしれませんが、ネットワークにさえつながっていれば、会社でも、自宅でも、ノマドワーク中のカフェでも、同じファイルにアクセスすることができるというものです。そして、そのファイルで作業したら、それが反映されて、どこのパソ

コンでも同じように修正されているのです。

このようなサービスは、従来からないこともなかったのですが、DropBoxは、その操作性のカンタンさと２ＧＢまで無料という手軽さが受けて、かなり普及速度を速めているようです。どこのパソコンを開いても最新のファイルにアクセスできるため、ＵＳＢメモリーなどに入れてデータを持ち歩く必要がないので快適です。

さらにDropBoxの強力な点は、他者とフォルダを共有できるということです。相手もDropBoxをインストールしていることが条件ですが、カンタンに共有できるので、同じ会社の人間同士で共有してもいいでしょう。いちいちメールで重たいファイルを送るのでなく、「DropBoxに入れておいたから見てよね！」のひと言で片付きます。ちなみにスマートフォン版のDropBoxアプリもありますので、インストールしておけば、DropBoxに入れておいたパソコンのデータをスマートフォンで見ることが可能です。ですから、これから「データを投げ込む」入れ物としても活用しがいがあるでしょう。

www.dropbox.com/

DropBoxと同じようなサービスで「SugarSync（シュガーシンク）」も広く使われています。筆者はDropBox一辺倒なのですが、人によってはDropBoxよりも使いやすいと言う意見もよく聞きますので、一度は両方を試してみてもいいでしょう。DropBoxでは同期用のフォルダが一つだけなのに対して、SugarSyncでは任意のフォルダを自由に同期用フォルダとして使用できます。

http://www.sugarsync.jp/

## （4）環境～考えにいそしむデスク

「環境」という言葉の意味について説明しましょう。たとえば、あなたは「会社のデスク」で集中して企画を練るということができますか？ 本当はできなくてはいけないのですが、日本の会社のデスクというのは、周囲と近接しており、周りの話し声なども含めて集中がしづらい環境だと思います。

本書では、図書館、ノマド向けのカフェやレンタルデスクについて述べましたが、実際に東京エリアでは、ノマド向けの施設が少しずつ増えているようです。筆者が知る限りの施設を、左のリストでご紹介しておきます。

## ノマドワークに最適なレンタルオフィス・カフェリスト

| 施設名 | 特徴・著者感想 |
|---|---|
| **KATANAオフィス**<br>http://office.katana.bz | 使っただけ利用料金を支払うというクラウドオフィス。利用料金は月額1000円からとリーズナブル。利用者の多くは「ここでは集中して仕事をする」という目的を持っているため、周りの雑談に悩まされたり、電話に思考を途切れさせられたりということは少ない。筆者も利用してみたところ、知らない人たちとデスクをシェアしてみても、意外と気にならないものだと感じた。 |
| **喫茶室ルノアール ビジネスブース**<br>http://www.ginza-renoir.co.jp/myspace/msbb002.htm | 喫茶店ルノアールの「池袋西口店」が提供するビジネス用途のレンタルスペース。ウェブサイトからも予約できる。もともと、ルノアールは臨席とのスペースがゆったりしており、電源も貸してくれるのでノマド向きの場所。何より、お店側から「席を詰めてほしい」などと言われることがまずないので、筆者は愛用している。 |
| **デスカット**<br>http://www.deskat.net/ | コクヨが展開するレンタルデスク。15分単位で利用できる。個人席、ミーティングルーム、会議室と3用途別にレンタルできる。 |
| **勉強カフェ**<br>http://benkyo-cafe.net/ | その名のとおり、勉強したいビジネスパーソンが利用する場所。東京では、田町や秋葉原などで展開しており、会員専用SNSでの交流もおこなわれている。 |

なお、長時間カフェでノマドワークをしていると、迷惑がられることもあります。筆者の場合、二度ほど「ここでパソコンを使うのはやめてください」と店員さんから注意されたことがあります。カフェなどでのノマドワークをする場合は節度を持って行動するとともに、そのお店がノマド向きかどうか事前に調べておいてから向かったほうがいいでしょう。

このほか漫画喫茶やネットカフェなどもありますが、どうも筆者は集中できません。

以上が、筆者が紹介する「企画通過システムを支えるツールたち」です。

ハードウェア、ソフトウェアやクラウドサービス、社外オフィスなど、今では多くの便利なツールがあります。これらのツールはあなたの強力な武器になるでしょう。しかし、いちばん大事なのは、じっくり企画を練るための環境作り、そして、そこでの作業をおこなうための時間作りの工夫です。

これらを参考にして、自分のベストなツールを探してみてください。

# 【おわりに】

## ◆インプットをアウトプットにすることは「仕事そのもの」

本書では「企画通過システム」というものについて、具体的な流れに沿って説明させていただきました。実は、この「システム」という言い方には、抵抗のある人もいるのではないかと思って迷ったのです。

しかし、どうして「システム」という言い方にこだわったのか？　それは、ある人に昔言われたことを思い出したからです。

「藤木さん。仕事って何だと思いますか？　それはインプットを加工してアウトプットにすることですよ」

アウトプットは、「成果物」と言い換えてもいいでしょう。さらにその方は、「システムというものは、インプットがあってアウトプットを出すというものですよ」と説明してくれました。どんなに複雑で、大がかりに見えるシステムでも、やっていることはインプットからアウトプットにする、それだけのことなのです。

そこで、「企画を産み出す」という仕事を考えてみます。「企画を産み出す」という仕事は、まるで、「無から有を産み出す」ように見えたり、偶然のひらめきに頼ったり、なんだか訳のわからないお告げみたいに感じられていたのではないでしょうか？

むろん、最終的には、自分の中で、何かがスパークして生まれるものではあるのですけど、その前後をもっと効率的にできないか？　もっと言えば、どうすればより効率的にスパークを産み出せるのか？　ということをずっと考え続けてきました。

それで、自分が企画を考えてアウトプットを出す、という作業を分解し、システム化してみたい、そういう考えでまとめたものが本書なのです。

## ◆楽しくないと続かない

しかし、システム化したといっても、実際に作業するのは自分です。本書に書いてあることは、どれも、やればできることばかりで、難しいことは何一つないと筆者は考えているのですが、問題は継続してできるかどうか、です。本書に出てきたように、自分でストックを貯められるまでになるには、一定期間続けてもらわないと効果が感じられないでしょう。そうすると、まずは「楽しんでインプットを集める」ところからスタートするのがベストだと思います。

「2　インプットから「企画のタネ」を感じ取る」でも述べたように、筆者はたまに「通勤旅行」という旅行に出かけます。これは、無意識の「企画のタネ」を拾い集めるための

## おわりに

旅行で、早朝出かけて会社に行くまで、「今まで通ったことのない路線を経由して、今まで降りたことのない駅で降りて散歩してくる」「しかも、会社には遅れずに到着する」という、すき間時間の旅行です。手にはデジカメを持ち、行った先で写真を撮ってみます。しかし、インプットのみが目的だとあまり楽しくないので、「知らない喫茶店で珈琲を飲む」というのを小さな目的にしています。

そうして、それらをブログに書いたり、フェイスブックに投稿したり、ツイッターで仲間に知らせたりします。ここで大事なのは、そうして「アウトプットする習慣」をつけることです。アウトプットする習慣があると、そのうち、誰かから反響があります。この、「人から評価されたり、反応してもらえたりする」ということは、すごいモチベーションになります。そうすると、アウトプットを続けて出すためには、インプットも増やさないといけないので、自然にインプットを探しに行く習慣ができます。

本書の「1　企画のタネは「日常」にある」で、「インプットなくしてアウトプットなし」と書きましたが、「アウトプットなくしてインプットは続かない」というのも真実に近いのではないでしょうか？

楽しいことはもう一つあります。こうした「企画通過システム」を自分で持つようになりますと、会議やプレゼンなどにおいて、自分の役割が上がっていきます。つまり、企画が豊富に出てくるという人間には、だんだん仕事の依頼が増えてくるはずです。

そうすると、今度は、仕事自体が楽しくなってきます。多くの人から「企画を立ててくれ」と頼りにされ、その企画が「通る」ようになってくると、本当に仕事生活自体が楽しく変わります。

そうすると、ますます「企画通過システム」を習慣として使うようになるという、好循環が生まれるはずです。

## ◆ブレストで会社を活性化する

あなただけではなく、企画を社員全員が前向きに考える会社は活性化してくるはずです。

筆者は、よく会社の研修に講師として呼ばれます。そこで、「企画発想が豊かになるように」といったテーマを頂戴して、参加者に講義とゼミをおこないます。普通の事務職の方や、販売職の女性など、普段、あまり企画とかかわったことのないような人たちがメインの研修が多いのですが、実際にブレストをおこなってみますと、みんな活き活きと発言します。いつも会社でやっているブレストでは全然発言しない、という人たちがそう言うのです。つまり、普段会社でやっているものは、そもそもブレストではないのです。

ブレストをやるときに、人が述べた自由な意見に「そんな企画できっこないでしょう」

と批判する人が出てきます。また、せっかくみんなでいろんなアイデアを出しているのに、上司の鶴の一声で結論が出てしまったりするブレストも珍しくありません。

「今日はブレストなんで、何を言ってもいいんだよ。あ、でもその意見は間違っているね」なんて、勘違いブレストが横行しているケースもあります。そのため、私が研修を行った会社でブレストをやってもらう間には、次の文言を大きく書いて、目立つところに貼ってもらっています。

(1)批判厳禁
(2)自由奔放・暴論歓迎
(3)質より量
(4)相乗り・加工歓迎

これらは、「ブレストの四原則」と呼ばれるものです。この四原則を守って普通にブレストすれば、実にさまざまな人がさまざまな意見を述べてくれますし、おもしろい意見がたくさん出てきます。社内で人を集められるのならば、ぜひ、みんなでわいわいブレストを行って、企画を広げてください。

## ◆国のあり方まで変えた企画とは？

本書は、三国志の英雄、諸葛亮孔明の「企画」の例として、赤壁の戦いのエピソードを挙げさせていただいたので、最後にもう一つ、孔明の代表的な企画だと思うものをご紹介します。筆者が、すごい企画だなあと思うのは、「天下三分の計」と呼ばれるものです。これは、のちに仕えることになる劉備玄徳に問われて答えたものです。三国志を知らない人に説明しますと、当時の劉備の力では、最大の権勢を誇っていた実力者曹操を打倒するのは現実的には困難。まず、もう1人の英雄孫権と同盟を結び、益州を攻め落として自国領として三国が均衡状態にすることを説いたものだと言われます。

そうして均衡状態にしておいてから、曹操を攻め滅ぼすというビジョンが語られています。実はこの策はフィクションであり、実際には孫権陣営の司令官、周瑜が立てた策だとも言われていますが、ここは孔明の企画としておきましょう。

この企画の最大のポイントは、本書で説明した「大局観（社会の潮流）」と「ビジネス力学」が見事に反映されているところです。「三国演義」では、その企画を持って孔明が孫権陣営に同盟を説き伏せに行くという流れになっています。映画『レッドクリフ』で描かれたシーンですね。

「天下三分の計」から筆者が言いたいのは、夢のような企画ではなく、しっかり、自分たちのことを客観的に分析して、現実的にどうやって困難を突破するかを考え抜いたものではないと、「企画A＋」には届かないぞ、ということです。

よくプレゼンの場で聞くセリフが、「企画は立派だけど、こんなの誰がやるんだ?」という苦々しい声です。企画が現実に即していないと、聞き手はあきれてしまいます。

もちろん、企画は「企画」です。綿密に数値や裏付け資料をそろえたとしても、実施する前の段階では「仮説」にすぎません。いくら「冴えた仮説である」と主張しても、「自分仮説」の範囲を超えるものではないでしょう。つまり、企画を実現する前に、完璧に裏付けを取ったり、検証したりすることは不可能なのです。けれども「現実に実現できるかどうか、自分でストレステストをおこなったのか」ということは問えると思います。そこは考え抜かなくてはいけません。

## ◆「収れんする力」が大切

「企画通過システム」を楽しんでやれ、と言ったり、自分たちのことを客観的に分析して、現実的にどうやって困難を突破するかを考え抜けと言ったり、いったいどうすればいいの……？　と思われるかもしれません。

しかし、「通る企画」を立てるためには、その両方が必要なのです。

企画を考える作業とは、**「大きく広げて、現実的に収れんさせること」**に尽きます。広げっぱなしでは現実的でないし、現実的なだけではおもしろいものが生まれるはずもありません。そこで必要なのが「収れんする力」です。これは、いろいろなアイデアを広げて拡散したり、広がったりしたものを、一つの目的に向ってまとめていく力です。

この「収れんする力」を身につけるために、本書「企画通過システム」の、最初から最後までを一度自分なりに経験してみてください。とくに、「自分仮説」を「企画A」にまとめるところ、「企画A」を「企画A＋」にブラッシュアップさせるところで、最初は苦しむかもしれません。しかし、ツールを使って、無事「企画A＋」までたどり着いたとき、あなたには、知らないうちに「収れんする力」が備わっているはずです。

どうか、自分の「企画通過システム」を武器として、ビジネス生活を楽しく乗り切っていってください。

## 【参考文献】

◆『ハイ・コンセプト「新しいこと」を考え出す人の時代』（ダニエル・ピンク著　大前研一訳　三笠書房）

◆『コリン・ローズの加速学習法実践テキスト―「学ぶ力」「考える力」「創造性」を最大限に飛躍させるノウハウ』（コリン・ローズ著　ダイヤモンド社）

◆『プランB　破壊的イノベーションの戦略』（ジョン・マリンズ／ランディ・コミサー著　山形浩生訳　文藝春秋）

◆『図解のルールブック』（高橋伸治　日本能率協会マネジメントセンター）

◆『10分で決める！　シンプル企画書の書き方・つくり方』（藤木俊明著　同文館出版）

◆『企画体質のつくり方』（藤木俊明著　創元社）

**藤木俊明**（ふじき・としあき）

有限会社ガーデンシティ・プランニング代表取締役。明治大学リバティアカデミー講師。早稲田大学卒業、リクルート、ぴあを経て同社設立。現在21期目。プレゼンテーション、企画書に関する著作が多いが、本業はコンテンツ制作であり、大企業のコンテンツ企画・制作・運用や、コンテンツを軸にした新規事業開発のコンサルティングも多く手がけている。また、企画書作成、企画発想に関する研修・セミナーも数多く実施中。主著に『「通る」企画書の書き方・まとめ方』（インプレスジャパン）、『企画体質のつくり方 —アイデア・発想はシステムで生み出す』（創元社ビジネス）、『5分で相手を納得させる！「プレゼンの技術」』（同文館出版）など多数。

◆ホームページ：http://www.gcp.jp
◆Twitter： @fujiki_toshiaki
◆Facebook：藤木俊明

誰でも！　ひらめく！　ヒットする！
企画通過システム

Nanaブックス
0110

2011年11月25日　　初版第1刷発行

著　者———藤木俊明
発行者———福西七重
発行所———株式会社ナナ・コーポレート・コミュニケーション
〒160-0022
東京都新宿区新宿1-26-6　新宿加藤ビルディング5F
TEL　03-5312-7473
FAX　03-5312-7476
URL　http://www.nana-cc.com
※Nanaブックスは（株）ナナ・コーポレート・コミュニケーションの出版ブランドです

印刷・製本———シナノ書籍印刷株式会社
用　紙————株式会社邦友


ISBN 978-4-904899-22-9 C0034